Mantak Chia
TAO YOGA DES HEILENS

Mantak Chia

Mantak Chia

TAO YOGA des Heilens

Die Kraft des Inneren Lächelns
Die Sechs Heilenden Laute
Die Praxis der Chi-Massage

Ansata

Aus dem Amerikanischen von
Wolfgang Höhn und Leo Wagner

Zur Beachtung!

Dieses Buch ersetzt keine ärztliche Diagnose und keine Therapie. Es soll den Lesern Mittel an die Hand geben, die eigenen Kräfte und die Gesundheit zu pflegen, um körperliches und seelisches Ungleichgewicht zu harmonisieren und ihm vorzubeugen. Beim Auftreten von Krankheitssymptomen sollte unbedingt ein Arzt konsultiert werden.

Die Originalausgaben erschienen 1986 unter dem Titel
«Taoist Ways to Transform Stress into Vitality» und
«Chi Self-Massage» bei Universal Tao Publications
(früher: Healing Tao Books).
Copyright © 1985 by Mantak und Maneewan Chia

Ansata Verlag
Ansata ist ein Verlag der Verlagsgruppe
Random House GmbH.

ISBN 3-7787-7180-9

Neunte Auflage 2005
© 1987 für die deutsche Ausgabe by Ansata Verlag, München,
in der Verlagsgruppe Random House GmbH
Alle Rechte sind vorbehalten. Printed in Germany
Umschlaggestaltung: Ateet Frankl
Druck und Bindung: Kösel, Krugzell

Inhalt

Dankeswort 12
Über den Autor 13

1. Teil
Taoistische Methoden, um Streß in Lebenskraft umzuwandeln

1. Kapitel
Was ist das Heilende Tao? 16
1. Das System des Heilenden Tao 16
2. Der Taoismus und einige Grundprinzipien
   der chinesischen Heilkunst 17
3. Am Anfang einer Krankheit steht ein Energieproblem 18
4. Gesundheit ist die beste Investition 20
5. Familienleben aus taoistischer Sicht 21
6. Positive Beeinflussung des Sexuallebens 21
7. Chi schafft Harmonie und Frieden 22

2. Kapitel
Das Innere Lächeln 23
A. Wirkungen 23
  1. Niedrige und höhere Energieformen 23
  2. Nektar oder Gift 24
  3. Lernen mit Hilfe des Inneren Lächelns 26
  4. Persönliche Kraft durch das Innere Lächeln 29
B. Vorbereitung 30
C. Die Übung des Inneren Lächelns 33
  1. In die Organe lächeln – die vordere Körperlinie 33
  2. Ins Verdauungssystem lächeln – die mittlere Körperlinie . . 38

3. In Gehirn und Wirbelsäule lächeln – die hintere Körperlinie 40
4. Durch den ganzen Körper lächeln 42
5. Energie im Nabel einsammeln 42
6. Tägliche Übung 44
7. Auflösung negativer Emotionen 44
8. Schmerzen und Beschwerden vertreiben 44

3. Kapitel
Meditation des Kleinen Energiekreislaufs 45
A. Erweckung heilender Lebenskraft 45
B. Die Bedeutung des Kleinen Energiekreislaufs 48

4. Kapitel
Die Sechs Heilenden Laute 50
A. Grundlagen und Wirkungen 50
 1. Überhitzung der Organe 51
 2. Das Kühlsystem der Organe 51
 3. Vorbeugung und Heilung durch die Laute 53
 4. Empfindungen in der Ruhephase 53
 5. Wirkungsvolle Kontrolle negativer Emotionen 54
 6. Mundgeruch 54
 7. Körpergeruch 55
 8. Gähnen, Aufstoßen und Blähungen 56
 9. Entgiftung durch Chi 56
10. Tränen und Speichel 56
11. Verbesserung der Beweglichkeit 57
B. Tafel der Entsprechungen 58/59
C. Hinweise zur Übung der Sechs Heilenden Laute 60
D. Übungsablauf 60
E. Die Übung der Sechs Heilenden Laute 61
 1. Lunge 61
 2. Nieren 66
 3. Leber 70
 4. Herz 76
 5. Milz 80
 6. Drei-Erwärmer 85
F. Anwendung im Alltag 88

2. Teil
Chi-Selbstmassage – eine taoistische Verjüngungsmethode

5. Kapitel
Theorie und Praxis der taoistischen Selbstmassage 92
  A. Die Abwehr negativer Emotionen
     mit Hilfe gesunder und gestärkter Sinneswerkzeuge 92
  B. Der positive Einfluß gesunder Organe auf die Persönlichkeit
     93

6. Kapitel
Die Bedeutung des Afters für die Organ-Energie 95
  A. Das Perineum als Kraftquelle 95
  B. Die fünf Bereiche des Afters 96

7. Kapitel
Die Heilenden Hände 106
  A. Die Handflächen 106
  B. «Palast der Arbeit» 106
  C. «Tal-Begegnung» 106
  D. Die wichtigsten Handlinien 108
  E. Die Reflexzonen der Hand 108
  F. Die Stärkung von Fingern und Zehen 110
  G. Handmassage zur Verstärkung des Chi-Flusses 110
  H. Vorbereitung zur Selbstmassage 110
  I. Angewandte Handmassage 111
  1. Einleitung der taoistischen Selbstmassage: Sammeln der
     Lebensenergie in den Händen 111
  2. Die Massage der Hände 112
  K. Die Finger und ihre Beziehung zu Gefühlen, Elementen
     und Organen 116

8. Kapitel
Der Kopf 118
  A. Massage des Kopfes 119
  1. Der Scheitelpunkt 119

2. Sammeln von Chi in den Händen und im Gesicht 120
3. Klopfmassage 120
4. Intensivierung des Chi-Flusses durch das Gesicht 121
5. Massage von Kopfhaut und Haarwurzeln 121
6. Massage am Haaransatz im Nacken 122
B. Das Gesicht 123
   1. Natürliche Schönheitspflege 123
   2. Sammeln von Chi im Gesicht 123
   3. Stirnmassage. 125
   4. Massage der Augenpartie 125
   5. Massage der unteren Gesichtshälfte 126
   6. Massage des ganzen Gesichts 126
   7. Massage des unteren Stirnbereiches 126
C. Schläfenmassage 127
D. Die Mundpartie 128
E. Die Augen 129
   1. Vorbereitung der Massage 130
   2. Massage der Augäpfel und ihrer Umgebung 130
   3. Stimulierung der Augenlider 131
   4. Massage der Augenhöhlen 132
   5. Eine Träne zum Fließen bringen 132
   6. Stärkung der Augäpfel 134
   7. Übung des direkten Blicks 136
F. Die Nase 137
   1. Vorbereitende Übung: Chi in den Händen sammeln 138
   2. Massage der Nasenlöcher 138
   3. Massage des Nasenrückens 138
   4. Massage des mittleren Nasenbereichs 139
   5. Massage der Nasenflügel 140
   6. Massage der Nasenscheidewand und des Nasenknorpels 140
G. Die Ohren 141
   1. Massage des äußeren Ohres 141
   2. Massage des Innenohrs 143
H. Zahnfleisch, Zunge und Zähne 147
   1. Vorbereitung der Massage 148
   2. Zahnfleischmassage 148
   3. Massage des Zahnfleisches und der Zunge 148

4. Die Zunge ... 148
5. Übung für das Gebiß ... 150
6. Konzentrierung von Energie im Gebiß ... 151
I. Hals- und Nackenmassage ... 152
1. Schilddrüse und Nebenschilddrüse ... 152
2. Energie in den Händen sammeln ... 154
3. Massage des Halses ... 154
4. Massage von Schilddrüse und Nebenschilddrüse ... 154
5. Schildkrötenhals ... 155
6. Kranichhals ... 156
7. Meridianmassage am Nacken ... 157
K. Schulterübungen ... 158

9. Kapitel
Entgiftung der Organe und Drüsen ... 159
A. Die Thymusdrüse ... 159
B. Das Herz ... 161
C. Die Lungen ... 161
D. Die Leber ... 161
E. Magen, Milz und Bauchspeicheldrüse ... 162
F. Dickdarm und Dünndarm ... 163
G. Die Nieren ... 165
H. Das Kreuzbein ... 166

10. Kapitel
Kniegelenke und Füße ... 167
A. Beseitigung von Ablagerungen im Knie ... 167
1. Sammeln von Chi in den Händen ... 167
2. Massage der Kniekehlen ... 167
3. Massage der Kniescheiben ... 167
4. Steigerung der Beweglichkeit ... 168
5. Massage des gesamten Kniegelenks ... 169
B. Die Füße – Wurzeln Ihres Körpers ... 169
1. Sammeln von Chi in den Händen ... 170
2. Fußmassage ... 170
3. Zehenmassage ... 170
4. Massage der ersten beiden Zehen ... 170

5. Reiben der Füße aneinander ... 172

11. Kapitel
Verstopfung ... 173
A. Verstopfung – ein kritischer Streßfaktor ... 173
B. Verstopfung als Ursache von Hemmungen
 und Kontaktarmut ... 174
C. Verstopfung als Ursache vorzeitiger Alterserscheinungen ... 175
D. Bauchmassage – eine wirkungsvolle Heilmethode ... 175
 1. Dickdarmmassage ... 176
 2. Dünndarmmassage ... 177

12. Kapitel
Das tägliche Übungsprogramm ... 178
A. Der Weg zu guter Gesundheit ... 178
B. Übungszeiten ... 179
C. Der Start in den Tag ... 179
D. Das allmorgendliche Innere Lächeln ... 180
E. Tägliche Reinigung der Energieleitbahnen ... 182
F. Beseitigung angeschwemmter Giftstoffe ... 183
G. Reinigung der neun Öffnungen ... 185
 1. Die Vordertür – die Öffnung der Sexualorgane ... 185
 2. Die Hintertür – das Tor der Verdauung ... 185
 3. Die sieben Fenster ... 186
H. Stärkung der Bein- und Fußdurchblutung ... 189
I. Anregung der Venendurchblutung ... 190
K. Dehnübungen für die Sehnen ... 191
L. Dehnungsübungen und Massage
 für den Hals- und Wirbelsäulenbereich ... 194
M. Übungen im Alltag ... 196
 1. Auf dem Weg zur Arbeit ... 196
 2. Müdigkeit beim Autofahren ... 197
 3. Belastungen am Arbeitsplatz ... 198
N. Nach Feierabend ... 198
 1. Fernsehabend ... 198
 2. Vor dem Schlafengehen ... 198
 3. Nachtruhe ... 199

13. Kapitel
Taoistische Lebensweisheiten 201
  A. Lächeln Sie den Streß weg 201
  B. Der Blick in den Spiegel 202
  C. Rechtes Reden, Handeln, Denken 202
  D. Kopf und Füße 203
  E. Richtiger Umgang mit der Sexualität 203
  F. Zurückhaltung beim Essen 204
  G. Wasser als Reinigungsmittel 204
  H. Nichts übertreiben 205
  I. Gesundheit in den Jahreszeiten 206
  K. Verschiedene Gesundheitsregeln 206
  L. «Nein, danke. Nicht noch mehr Verpflichtungen!» 207

ANHANG
Das System des Heilenden Tao 209

Dankeswort

Mein tiefempfundener Dank gilt den taoistischen Meistern, die so gütig waren, mir ihr Wissen anzuvertrauen, und sicher nie daran gedacht haben, daß es eines Tages im Westen verbreitet werden würde.

Ich danke Dena Saxer, ohne deren Anregung und Mitarbeit dieses Buch nicht zustandegekommen wäre.

Weiterhin fühle ich mich allen zu Dank verpflichtet, die aktiv am Entstehen und der Fertigstellung dieses Buches mitgearbeitet haben: Dena Saxer hat sich besonders um die detaillierte Beschreibung der Übungsschritte verdient gemacht; der Zeichner Juan Li hat viel Zeit darauf verwendet, die beschriebenen Körperfunktionen in anschaulichen Abbildungen darzustellen und das Titelbild zu entwerfen. Gunther Weil und Rylin Malone sei für ihre verständnisvolle Unterstützung und ihr Feedback gedankt. Jo Ann Cutreria, Daniel Bobek, John-Robert Zielinski, Adam Sacks, Helen Stites, Valerie Meszaros, Cathy Umphress und Michael Winn danke ich für die Bearbeitung der Manuskripte und ihre Vorbereitung zum Druck, David Miller und Felix Morrow für die verlegerische Betreuung.

Ohne meine Frau Maneewan und meinen Sohn Max wäre es mir gewiß nicht gelungen, das Buch so lebendig und anschaulich zu schreiben – ihnen gilt meine besondere Dankbarkeit und Liebe.

Über den Autor: Mantak Chia

Meister Mantak Chia ist der Schöpfer des Systems des «Heilenden Tao» (engl. «The Healing Tao») und Begründer und Direktor des «Healing Tao Center» in New York. Von Kindheit an hat er sich mit taoistischer Lebensgestaltung und vielen Disziplinen dieser Lebensanschauung beschäftigt. Auf der Grundlage seines umfassenden Wissens über den Taoismus, das noch durch Kenntnisse anderer Systeme bereichert wurde, schuf er das «Healing Tao System», das heute in vielen Städten Nordamerikas und Europas verbreitet wird.

Meister Chia wurde 1944 in Thailand geboren. Im Alter von sechs Jahren lernte er von buddhistischen Mönchen die Technik des «Sitzens und der Geistesstille», d. h. der Meditation. Während seiner Mittelschulzeit erlernte er das traditionelle Thai-Boxen und begegnete Meister Lu, der ihn in Tai Chi Chuan unterwies; später machte Meister Lu ihn auch mit Aikido, Yoga und fortgeschrittenem Tai Chi bekannt.

Nach seiner Mittelschulzeit studierte er in Hongkong, wo er sich in Leichtathletik auszeichnen konnte. Dort führte ihn ein Kommilitone bei Meister Yi Eng, seinem ersten esoterischen Meister, ein. Meister Chia begann, die taoistische Lebensweise intensiv zu studieren. Er lernte das Übertragen der Lebensenergie Chi mit den Händen, den Kleinen Energiekreislauf, das Öffnen der Wundermeridiane, die Fusion der Fünf Elemente, die Erleuchtung von Kan und Li, das Versiegeln der fünf Sinnesorgane, die Vermählung von Himmel und Erde und die Wiedervereinigung von Mensch und Himmel.

Anfang Zwanzig studierte Meister Chia bei Meister Meugi in Singapur, der ihn in Kundalini Yoga und Buddha-Hand unterwies. Recht bald konnte er bei sich und bei den Patienten seines Meisters Energieblockaden beseitigen.

Als er Ende Zwanzig war, begegnete er Meister Pan Yu, der eine Synthese aus taoistischen und buddhistischen Lehren entwickelt hatte, und Meister Cheng Yao-Lung, der Thai-Boxen und Kung-fu zu einem neuen System verschmolzen hatte. Bei Meister Pan Yu erhielt er Einblick in den Austausch von Yin- und Yang-Energie zwischen Männern und Frauen; dazu erlernte er die Methode des «Stählernen Körpers», die den Organismus vor dem Verfall bewahrt.

Meister Yang Yao-Lung lehrte ihn die geheime Shaolin-Methode des Umgangs mit der inneren Kraft, wie auch das noch geheimere Eisenhemd-Chi Kung, das auch als «Reinigen des Marks und Erneuerung der Sehnen» bekannt war.

Um die Wirkungsweise der Heilenergie besser zu verstehen, studierte Meister Chia zusätzlich zwei Jahre lang westliche Medizin und Anatomie.

Während dieser Zeit arbeitete er noch als Manager der thailändischen Niederlassung von Gestetner, einem Hersteller von Büromaschinen, und erwarb Kenntnisse über die Technik von Offsetmaschinen und Kopiergeräten.

Auf der Grundlage seines umfassenden Wissens über das taoistische System und seiner anderen Kenntnisse entwickelte er das «Healing Tao System», das er bald an seine Schüler weitergab. Er bildete Lehrer aus und gründete das «Natural Healing Center» in Thailand. Fünf Jahre später entschloß er sich, nach New York zu ziehen und sein System im Westen zu verbreiten. Seit 1979, dem Gründungsjahr des Zentrums in New York, sind in zahlreichen Städten der USA, Kanadas und Europas weitere Zentren entstanden.

1. Teil

Taoistische Methoden, um Streß in Lebenskraft umzuwandeln

1. Kapitel

Was ist das Heilende Tao?

1. Das System des Heilenden Tao

Das Heilende Tao («Healing Tao») ist ein System der Selbsthilfe, um Krankheiten und Streß zu verhindern und zu heilen und um das Leben in allen Aspekten positiv zu beeinflussen. Der Schlüsselbegriff ist die Lebensenergie Chi, die durch einfache Übungen angeregt und vermehrt werden kann. Die Lebensenergie kreist auf den Meridianen (Energiekanälen) durch den Körper und fördert Gesundheit, Vitalität, Ausgeglichenheit und schöpferische und geistige Ausdruckskraft.

Im Heilenden Tao, einem praktischen und für alle offenen System, zeigen sich jahrhundertealte taoistische Praktiken in modernem Gewand. Viele dieser Methoden waren früher nur einer kleinen Elite von taoistischen Meistern und ihren ausgewählten Schülern bekannt. Ich habe diese taoistischen Disziplinen in ein umfassendes System integriert, das ich 1973 in meiner Heimat Thailand öffentlich zu unterrichten begann und 1978 in den Westen brachte. Ich gründete das Healing Tao Center in New York und begann dort zu unterrichten. Heute wird das System an verschiedenen Orten in Nordamerika und Europa gelehrt. Trotz seiner spirituellen Wurzeln ist das Heilende Tao keine Religion, sondern mit allen Religionen, ja sogar mit Agnostizismus oder Atheismus vereinbar. In diesem System sind keine Rituale auszuführen, und es gibt keine Gurus, denen man sich unterwerfen muß. Meister oder Lehrer werden geehrt, aber nicht vergöttert.

Im ersten Teil dieses Buches werden die Grundübungen auf der ersten Stufe der taoistischen Meditation dargestellt:

1. Das Innere Lächeln
2. Die Sechs Heilenden Laute.

Das ganze System hat drei Stufen:
1. Stufe I mit dem Schwerpunkt auf heilender Energie, Stärkung und Beruhigung des Körpers;
2. Stufe II mit dem Schwerpunkt auf der Umwandlung negativer Emotionen in starke positive Energien;
3. Stufe III mit dem Schwerpunkt auf kreativen und spirituellen Übungen. Zu allen Stufen gehören sowohl meditative als auch körperliche Disziplinen, wie Tai Chi, Pakua und Eisenhemd-Chi Kung. Die Meditation des Kleinen Energiekreislaufs (3. Kap.) bildet das Fundament des ganzen Systems.

2. Der Taoismus und einige Grundprinzipien der chinesischen Heilkunst

Der Taoismus, die fast 8000 Jahre alte Wurzel der chinesischen Philosophie und Heilkunst, ist auch die Mutter der Akupunktur und eine der Quellen moderner Körpertherapien wie Akupressur, Rolfing und Feldenkrais. Das Tao wurde als Gesetz der Natur oder Ordnung der Natur bezeichnet, als ewig wechselnder Zyklus der Jahreszeiten, als Kunst, Methode, Kraft und als Pfad oder Weg. Für die Taoisten hängt Gesundheit wesentlich von den Faktoren Harmonie und Gleichgewicht ab. Da der Körper als Ganzheit betrachtet wird, schwächen Streß oder Verletzungen an einer Stelle das Ganze. Der Körper verfügt über die notwendigen Mechanismen der Selbststeuerung, um von selbst zu einem Gleichgewichtszustand zu finden, wenn er dabei nicht behindert wird.

Energieblockaden sind die Ursachen von Krankheit. Ein Zuviel oder Zuwenig an Energie in einem Körperteil führt zu Krankheiten an der betroffenen Stelle und belastet den ganzen Körper. Im System des Heilenden Tao lernen wir, durch die Erweckung der Lebensenergie Chi dieses Ungleichgewicht zu beheben und Chi dorthin zu leiten, wo es gebraucht wird.

In der taoistischen Lehre wird jedes Hauptorgan zu einem der fünf Elemente (Wandlungsphasen) – Holz, Feuer, Erde, Metall, Wasser – in Beziehung gesetzt, und ebenso auch zu Jahreszeiten,

Farben und Klimaeigenschaften (windig, heiß, mild, trocken, naß). Die charakteristischen Merkmale jedes Organs werden in einem solchen Entsprechungssystem beschrieben: Zum Herzen gehören Feuer, Sommer und die Farbe Rot; ein gesundes Herz hat mit Begeisterung und Wärme zu tun. Die Jahreszeit eines Organs bedeutet die Zeit, in der dieses Organ die anderen beherrscht und seine größte Aktivität entfaltet (siehe Abb. 4–4).

Für das taoistische Denken sind Körper, Seele und Geist nicht zu trennen. In der chinesischen Medizin gilt daher, daß negative Emotionen, wie Zorn, Furcht oder Grausamkeit, aber auch ein Übermaß an positiven Gefühlen, ein Zuviel an Freude oder Erregung, die Organe verletzen und Krankheiten verursachen kann.

Das Innere Lächeln und die Sechs Heilenden Laute verhelfen zu emotionaler Ausgeglichenheit und besserer Gesundheit.

3. Am Anfang einer Krankheit steht ein Energieproblem

Bei vielen Problemen dauert es oft Jahre, bis sie sich körperlich als Krankheit manifestieren. Zunächst können sich solche Probleme als Energieblockaden oder -verluste zeigen und zu einem Ungleichgewicht in bestimmten Körperteilen führen. Wenn wir dieses Ungleichgewicht bei seinem ersten Auftreten bemerken, haben wir noch eine lange Gnadenfrist, um es zu korrigieren.

Für viele Menschen gelten Gereiztheit oder negative Emotionen nicht als Krankheit. Die Taoisten sehen hier den Beginn eines Energie-Ungleichgewichts, so wie schlechter Mund- oder Körpergeruch beginnende Schwächen oder Beschwerden von Leber, Nieren oder Magen signalisieren kann. Halsstarrigkeit kann von einem Ungleichgewicht der Herzenergie herrühren; starker Körpergeruch von einer Fehlfunktion der Nieren, die das überschüssige Wasser nicht mehr richtig aus den Körperflüssigkeiten herausfiltern. Feigheit und Furcht können durch ein Ungleichgewicht in der Lungen- oder Nierenenergie entstehen, Rückenschmerzen durch ein Ungleichgewicht in den Nieren und der Blase. So lassen sich zahlreiche Beschwerden auf ein Energie-Ungleichgewicht in einem bestimmten Körperteil zurückführen.

In der modernen Welt wächst die Abhängigkeit von materiellen Werten, die uns immer stärker anziehen, von Drogen, Unterhaltung, Dienstleistungen und unnatürlicher Nahrung. Je stärker das Bedürfnis nach diesem und jenem, desto größer die Sorgen und die Verwirrung. Wir können uns von alledem befreien, indem wir unsere emotionellen Bindungen an materiellen Werten abschütteln.

Als erste und grundlegende Vorbeugungsmaßnahme können wir üben, Chi zu bewahren, zu vermehren und umzuwandeln. Nach einem Herzanfall kann der Betroffene mit dieser Methode einen zweiten verhüten. Bei Rücken- oder Nierenbeschwerden wird diese Methode Schlimmeres verhindern. Vorbeugende Methoden sollten bei der Energie ansetzen. Schon früh haben die Taoisten das System der Organmeridiane erfaßt, ein Netz von Energiebahnen, das sich von den Organen aus durch den ganzen Körper erstreckt. Bei Blockaden oder reduzierter Energiezufuhr werden die Organe schlechter mit Chi versorgt, und schlechtes Chi, die kranke Energie der Organe oder Meridiane, setzt sich fest. Wenn wir allerdings keinen Kontakt zu unserer Innenwelt haben, werden wir innere Veränderungen kaum wahrnehmen.

Wir müssen lernen, Chi zu bewahren, zu vermehren und umzuwandeln, damit wir über genug Energie verfügen, um Blockaden zu beseitigen, die Abwehrkräfte zu stärken und Krankheiten zu verhindern. So können die Übungen des taoistischen Systems uns dazu verhelfen, daß wir ein glückliches, gesundes Leben führen und unsere Gesundheit, Vitalität und Lebensfreude bis ins Alter bewahren, ohne von Krankheiten geplagt zu werden.

Nur ein gesunder Mensch ist in der Lage, seinen Mitmenschen zu helfen. Viele meiner Schüler haben auch ohne weiteres Kaffee, Alkohol, Drogen und gewisse Arten «notwendiger» Unterhaltung aufgegeben, als sie begannen, ernsthaft zu üben und ihre Organe und Sinne zu pflegen und zu stärken.

Einer meiner Schüler besaß früher eine Fabrik und hatte Macht über viele Menschen. Er war hochverschuldet, weil er unter ständigem Kaufzwang litt. Als er schließlich mit mir über sein Problem sprach, erklärte ich ihm, daß Streß und negative emotionale

Energien in seinem Körper Blockaden verursachten und seine Organe unter Energie-Ungleichgewicht litten. Sollte es ihm gelingen, Organe und Sinne zu stärken und den Energiefluß zu verbessern, so würde ihm die Welt in einem anderen Licht erscheinen. Nachdem er den Kleinen Kreislauf, die Sechs Heilenden Laute, das Innere Lächeln und die taoistische Selbstmassage gelernt und eine Weile geübt hatte, verriet er mir eines Tages, daß er auf eine lange Reise gehen werde. Er hatte nämlich seine Fabrik verkauft, alle Schulden bezahlt und noch ein paar Tausend Dollar übrig. Bevor er wieder von vorne anfing, wollte er zuerst eine Ruhepause einlegen, um auch Zeit zum Üben des Gelernten zu haben. Sein Gesichtsausdruck hatte sich völlig verändert.

4. Gesundheit ist die beste Investition

Viele Menschen setzen ihre ganze Lebenskraft fürs Geldverdienen ein, und das kann so lange gut gehen, bis die Energien erschöpft sind und Beschwerden einsetzen. Dann müssen sie immer mehr Geld für Krankenhäuser, Operationen oder Medikamente ausgeben und womöglich noch die meiste Zeit im Bett zubringen. Diese Menschen sagen natürlich, sie hätten keine Zeit zum Üben und ihre Tage seien ausgefüllt mit Verpflichtungen und Arbeit, Versammlungen und Studium, Familie und Kindern. Sie bedenken jedoch kaum, daß durch Übung das Energieniveau von Körper, Seele und Geist angehoben werden kann. Dadurch wird der Geist klarer, der Körper kräftiger, so daß wir emotional ausgeglichen leben und so auch schneller arbeiten können.

Auch viele meiner Schüler finden nur mit Mühe Zeit für die taoistischen Übungen. Anfangs braucht das Lernen natürlich Zeit, aber nach einer Weile wird die Übung zu einem Teil ihres Lebens. So können wir die Zeit, die wir täglich nur mit Warten zubringen, auch zum Üben des Inneren Lächelns nutzen.

Zahlreiche Übende brauchen nach einiger Zeit weniger Nahrung und weniger Schlaf, so daß sie schließlich mehr Zeit zum Üben gewinnen. Wenn Sie täglich 30–60 Minuten für Ihre Gesundheit investieren, so kann ich Ihnen aus Erfahrung sagen, daß sie bis zu vier Stunden zurückbekommen und Ihre Leistungsfähigkeit wächst.

5. Familienleben aus taoistischer Sicht

Für die Taoisten bilden Charakterunterschiede der Ehepartner nicht die Hauptursache für Probleme im Familienleben. Es ist doch natürlich, daß sich Gegensätze anziehen. Am wichtigsten ist es, sich um Verständnis zu bemühen, die guten Seiten des Partners zu sehen und sich gegenseitig bei der Überwindung von Schwächen zu helfen. Um andere Menschen verstehen zu können, müssen Sie zuerst sich selbst verstehen, und das geschieht am besten dadurch, daß Sie sich nach innen wenden und mit Ihren Organen in Kontakt kommen. So können Sie die Organe stärken, um negative Energie umzuwandeln und positive Gefühle und Werte zu pflegen.

Negative Energien sind die Hauptursache für Energie-Ungleichgewichte im Körper. Leidet ein Familienmitglied darunter, werden auch bei seinen Angehörigen negative Emotionen geweckt, und dadurch das Energiegleichgewicht in der ganzen Familie gestört.

6. Positive Beeinflussung des Sexuallebens

Disharmonie im Sexualleben der Ehepartner kann das Familienleben schwer beeinträchtigen. Organe und Drüsen bilden die Hauptquellen sexueller Energie; ihre Gesundheit fördert daher das eheliche Glück. Streß, Umweltverschmutzung und die zahlreichen Einschränkungen, denen uns die Gesellschaft unterwirft, rauben den Menschen ihre Organ- und Sexualenergien, und daraus resultieren psychologische und eheliche Probleme. Das kann sich in Muskelschwächen äußern, in Impotenz beim Mann und mangelndem Muskeltonus in den Sexualorganen der Frau. Um solche Probleme zu beseitigen, ist es für Paare wichtig, die sexuellen Energien zu mehren und umzuwandeln, und dazu können die hier beschriebenen Übungen zur Stärkung der Organe, Drüsen und Sinne einen wichtigen Beitrag leisten.

7. Chi schafft Harmonie und Frieden

Harmonische und friedvolle Energien in einem Menschen können dazu beitragen, das Chi eines anderen ins Gleichgewicht zu bringen. Alle Extreme bewirken ein Energie-Ungleichgewicht und stören Ruhe und Frieden. Für die Familie bedarf es eines fünffachen Friedens:
Friede des Geistes,
Friede der Seele,
Friede des Körpers,
Friede der Organe,
Friede der Sinne.

Bei den Taoisten heißt es, daß zu großer Lärm die Ohren und die ihnen zugeordneten Organe, Nieren und Blase, schädigt und damit Furcht weckt und den Frieden stört. Zu viel Essen und Trinken schadet der Milz und indirekt auch der Leber, was zu Gereiztheit und Zorn führt und den Familienfrieden beeinträchtigt. Sieht man zu viel Fernsehen oder zu viele Filme, so leiden die Augen und damit auch die Leber und Gallenblase; das verursacht Energieverlust und schwächt den ganzen Organismus. Zu viel Bewegung oder Arbeit schädigt die Sehnen, zu viel Kummer das Nervensystem.

Schwächen in Organen, Sinnen und Nerven können mancherlei negative Auswirkungen auf den einzelnen haben und so auf lange Sicht zu Problemen für die ganze Familie führen.

Geht man jedoch den Problemen auf den Grund und übt gemeinsam taoistische Methoden wie das Innere Lächeln, die Sechs Heilenden Laute und die taoistische Selbstmassage, so läßt sich Abhilfe schaffen, und die Energien der Familienmitglieder können ausgetauscht und harmonisch vereint werden.

2. KAPITEL
Das Innere Lächeln

A. Wirkungen

1. Niedrige und höhere Energieformen

Die Taoisten betrachten negative Emotionen als niedrige Energieform. Viele Menschen leben ständig mit Ärger, Trauer, Depression, Furcht, Sorgen und anderen Formen negativer Energie, die zu chronischen Krankheiten führen und ihre Lebenskraft rauben können. Das Innere Lächeln ist ein wahres Lächeln, das alle Körperteile erreicht: Organe, Drüsen, Muskeln und das Nervensystem. Das Innere Lächeln erweckt heilkräftige, positive Energieformen, die sich später in höhere Stufen von Energie umwandeln lassen. Ein echtes Lächeln überträgt liebende Energie, die wärmen und heilen kann. Erinnern Sie sich an einen Tag, an dem Sie verärgert oder krank waren und Ihnen jemand, vielleicht sogar ein Unbekannter, aus vollem Herzen zulächelte – da fühlten Sie sich mit einem Schlag besser.

In seinem Buch «Anatomie einer Krankheit» schreibt der frühere Herausgeber der «Saturday Review», Norman Cousins, daß er sich von einer seltenen Bindegewebskrankheit heilen konnte, indem er alte Filme von den Marx Brothers anschaute. Eine meiner Schülerinnen heilte sich dadurch von Brustkrebs, daß sie ständig in die kranke Stelle hineinlächelte.

Die taoistischen Meister im alten China erkannten die Kraft der lächelnden Energie und übten das Lächeln für sich selbst, um ihr Chi in Bewegung zu setzen, höhere Energieformen zu erzeugen und Gesundheit, Glück und langes Leben zu erlangen. Sich selber zuzulächeln wirkt heilsam und verjüngend, als ob man in Liebe baden würden.

Das Innere Lächeln lenkt lächelnde Energie in unsere lebenswichtigen Organe und Drüsen. Es ist schon seltsam, daß wir unserem Aussehen so große Beachtung schenken, während nur wenige von uns wissen, wie die inneren Organe und Drüsen aussehen, wo sie liegen und wie sie funktionieren. Leider hören wir meist nicht auf ihre feinen Warnsignale, wenn wir sie mit schlechter Ernährung und ungesunder Lebensweise traktieren. Wir gleichen einem Arbeitgeber, der sich nie um seine Angestellten kümmert, aber sich aufregt, wenn etwas schiefgeht. Wenn wir uns mit unseren inneren Organen und Drüsen anfreunden, ihre Arbeit anerkennen und ihre Botschaften hören lernen, werden sie es uns mit Entspannung und Lebenskraft lohnen.

2. Nektar oder Gift

Das Innere Lächeln ist besonders wirksam im Kampf gegen Streß. Heutzutage geben wir Unsummen dafür aus, Mittel und Wege gegen Streß zu finden; und doch verschaffen uns diese Mittel meist nur unvollkommene und vorübergehende Erleichterung.

Wenn wir in die Thymusdrüse lächeln, wird diese zu größerer Aktivität angeregt. Im taoistischen System befindet sich dort der Sitz der großen Erleuchtung, der Liebe und der Lebenskraft Chi. Bei emotionalen Belastungen leidet zuerst die Thymusdrüse. In seinem Buch «Der Körper lügt nicht» stellt Dr. John Diamond eine Studie vor, die dieser Drüse die Hauptkontrollfunktion bei der Steuerung lebensspendender und heilender Energien zuweist. In seiner Krebstheorie behauptet der australische Nobelpreisträger Sir MacFarlane Burner, daß die Aktivierung der Thymusdrüse entscheidend zur Krebsabwehr beiträgt. In der Thymusdrüse wird eine besondere Art von Zellen produziert, die T-Lymphozyten, deren Aufgabe es ist, abnormale Zellen zu erkennen und zu zerstören. Unter den Milliarden Zellen, die jeden Tag entstehen, gibt es immer wieder einige abnormale. Falls das Thymushormon die T-Lymphozyten nicht aktiviert, können sich abnormale Zellen weiter vermehren, bis der Mensch an Krebs erkrankt. Deshalb spielt die Thymusdrüse bei Erwachsenen eine so entscheidende Rolle in der Krebsvorsorge. In der Praxis der «Applied Kinesiology» (nach Dr. G. Goodheart – dtsch. Angewandte Bewegungslehre) kennt man eine Methode, die Stärke oder Schwäche der Thymusdrüse in Verbindung mit dem Inneren Lächeln zu testen: Ihr Partner soll seine Hand auf die Thymusdrüse legen, dorthin, wo die zweite Rippe mit dem Brustbein verbunden ist. Zuerst soll der Partner nicht lächeln, sondern die Gesichtsmuskeln und die Mundwinkel hängen lassen. Lassen Sie ihn einen Arm zur Seite strecken und versuchen Sie, diesen Arm nach unten zu ziehen. Danach wiederholen Sie den Test mit einem lächelnden Partner und achten auf den Unterschied. So können Sie zeigen, daß die Thymusdrüse durch Lächeln angeregt wird, ihren Energieausstoß zu aktivieren. Wenn Sie lächeln, so sagen die Taoisten, scheiden Ihre Organe eine Art Nektar aus, der den ganzen Körper nährt. Wenn man unter Zorn, Furcht und Streß leidet, sondern sie ein giftiges Sekret ab, das die Energiekanäle blockiert, sich in den Organen absetzt und Appetitmangel, Verdauungsstörungen, erhöhten Blutdruck, schnelleren Herzschlag, Schlaflosigkeit und negative Emotionen verursacht.

Durch das Lächeln dehnen sich die Organe aus, werden weicher und feuchter und arbeiten so besser. Das kann z. B. in der Leber dazu führen, daß mehr Nährstoffe gespeichert und Schadstoffe besser entgiftet werden.

Die Übung des Inneren Lächelns beginnt in den Augen, und diese sind mit dem autonomen Nervensystem verbunden, das seinerseits die Funktion der Organe und Drüsen reguliert. Es sind zuerst die Augen, die irgendwelche Signale empfangen und dann Organe und Drüsen veranlassen, bei Streß und Gefahr schneller zu arbeiten (z. B. Kampf- oder Fluchtreaktion) und nach überstandenen Krisen zurückzuschalten. Ideal sind Augen, die ein ruhiges und ausgeglichenes Reaktionsniveau aufrechterhalten können. Durch bloßes Entspannen der Augen können Sie Ihren ganzen Körper entspannen und so Energien für die nächstliegenden Tätigkeiten freisetzen.

3. Lernen mit Hilfe des Inneren Lächelns

Wenn Sie unter Streß, extremen Gefühlsschwankungen und heftigen Gefühlsausbrüchen leiden, wird die Leistung Ihrer Organe beeinträchtigt. Eine Menge Energie geht so verloren; Sie fühlen sich träge und lustlos und entbehren jeder Lebensfreude, was Sie am Lernen und am Entwickeln neuer Ideen hindert. Wenn Sie sich in diesem Zustand zum Lernen zwingen, können Sie oft nicht einmal die Hauptsache in Ihr Wissen integrieren. Die Taoisten sind davon überzeugt, daß nicht nur unsere Sinne und der Verstand, sondern der ganze Körper am Lernen beteiligt ist. Wenn Sie in Ihre Organe, Drüsen und Sinne lächeln, dann stellen Sie eine Beziehung mit ihnen her und können gut mit ihnen kommunizieren. Bei Streß und Furcht sind Organe und Sinne blockiert; deshalb fällt es uns auch schwer, die Lehren und Gedanken eines Menschen zu akzeptieren, den wir ablehnen.

a. Die Hauptquellen der Hörenergie
Die Hauptquellen der Hörenergie sind die Nieren und das ihnen zugeordnete Organ, die Blase. Wenn die Nieren gut funktionieren, sind Sie wacher und damit auch lernfähiger. Die Öffnung der Nieren sind die Ohren, und das Gehör spielt eine wichtige Rolle beim Lernen. Starke Nieren tragen dazu bei, das Gehör zu schärfen und damit die Lernfähigkeit zu verbessern.

b. Die Hauptquellen der Redekraft
Die Hauptquellen der Redekraft sind das Herz und das ihm zugeordnete Organ, der Dünndarm. Das Herz, der Sitz der Freude, vermittelt uns Lernbegierde, ohne die das Lernen mühsam ist. Wenn wir Spaß am Lernen haben, wird unser Körper das Gelernte bereitwillig aufnehmen. Respekt und Ehre haben ebenfalls ihren Sitz im Herzen und machen es offen. Die Zunge ist mit dem Herzen verbunden; wenn diese Verbindung offen ist, kann der Geist den Lernstoff in kleinen und geordneten Portionen assimilieren. Der Dünndarm ist ein Assimilationsorgan, und Dünndarmbeschweden beeinträchtigen die Herzfunktion. Lernen ist ein Assimilationsprozeß, der seine Zeit braucht.

c. Die Hauptquellen der Sehenergie
Die Hauptquellen der Sehenergie sind die Leber und das ihr zugeordnete Organ, die Gallenblase. Wenn diese beiden Organe gut arbeiten, sind Sie sicherer und entschlossener in Ihren Entscheidungen und können das Neugelernte besser integrieren. Die Augen bilden die Öffnung der Leber. Eine kranke, geschwächte Leber oder Streß und Wut hindern Sie daran, Entscheidungen zu treffen und die Dinge richtig zu sehen. In diesem Zustand fällt es dem Geist schwer, das Gesehene und das Gelernte aufzunehmen.

d. Die Hauptquellen der Verdauungsenergie
Milz und Magen sind die Hauptquellen der Verdauungsenergie. Die Milz vermittelt uns ein Gefühl der körperlichen Integrität. Der Mund bildet die Öffnung der Milz; diese Organe haben mit der Redekraft, der Stimme und der Verdauung des Gelernten zu tun. Wenn der Magen, das der Milz zugeordnete Nebenorgan, in guter Verfassung ist, werden Sie aufgeschlossener für neue Gedanken und Wege.

e. Die Hauptquellen der Geruchs- und der Tastenergie
Die Hauptquellen für diese Energien sind Lunge und Dickdarm. Die Lunge vermittelt uns positive Impulse; ihre Öffnungen sind Nase und Haut, und diese haben mit dem Geruchs-, dem Bewegungs- und dem Tastsinn zu tun. Diese Sinne stärken das Bewußtsein für die Welt um uns herum und damit auch die Lernfähigkeit.

Der Dickdarm ist den Lungen zugeordnet und kann die Lungenfunktion stärken. Zu den Funktionen des Dickdarms gehören das Ableiten und Eliminieren von Verdauungsresten; ein gut funktionierender Dickdarm macht uns deshalb körperlich und geistig offener. Bei Verstopfung steht man neuen Ideen und Veränderungen nicht offen gegenüber. Obwohl oft schon ein kleiner Schritt große Veränderungen auslösen kann, fällt es doch vielen Menschen schwer, von alten Denk- und Lebensgewohnheiten zu lassen.

f. Die Nebennieren als Auslöser der Lernbegeisterung
Die Nebennieren schenken uns Vitalität und heiße (Yang-)Energie; sie machen uns energiegeladen und lernbegeistert. Ohne Lebenskraft fühlen wir uns faul und schläfrig und wollen auch nichts lernen.

g. Unterstützung der Ausdruckskraft durch Schilddrüse und Nebenschilddrüse
Diese Drüsen tragen dazu bei, daß wir unsere Erfahrungen und Gedanken besser ausdrücken können und daß sich alle Sinne am Lernen beteiligen.

h. Anteil der Thymusdrüse am Immunsystem
Die Thymusdrüse, der Sitz des Chi, stärkt das Immunsystem, setzt Energie in Form von Enthusiasmus frei und gibt uns auf diese Weise auch Kraft zum Lernen.

i. Stärkung der Kreativität durch die Sexualenergie
Kreative Energie hat ihren Sitz in den Sexualorganen. Ein Mangel an sexueller Energie führt zu geringer Kreativität und zum Festhalten an alten, uneffektiven Methoden. Das Lächeln und gesteigerte Sexualenergie gibt Ihnen auch mehr Kraft zur Lösung der alltäglichen Probleme.

k. Die Wirbelsäule als Kommunikationszentrum
Die Wirbelsäule ist ein Kontroll- und Kommunikationszentrum. Lernen Sie, in Ihre Wirbelsäule zu lächeln und sie zu entspannen, und Sie werden Ihre Kommunikationsfähigkeit verbessern: Durch die Wirbelsäule können Sie den Organen neue Informationen mitteilen, damit Ihr System sich an wirkungsvollere Verhaltens- und Denkweisen gewöhnt.

l. Leitlinien für Super-Learning
1. Lächeln Sie beim Lernen. Lächeln Sie dorthin, wo sich Widerstände gegen neue Ideen zeigen. Wenn das Herz nicht offen und aufnahmebereit sein will, versuchen Sie durch Lächeln, Freude und Spaß am Lernen freizusetzen. Wenn die Leber von Zorn

erfüllt und damit der Blick getrübt ist, lächeln Sie, bis sie sich öffnet.
2. Beteiligen Sie den ganzen Körper aktiv und spielerisch am Lernprozeß. Wenn Sie einen neuen Computer bedienen lernen, tun Sie so, als seien Sie ein Computer. Versetzen Sie sich in ihn hinein, um ihn besser zu verstehen; stellen Sie mit Händen, Augen, Ohren usw. einen Kontakt zu dem her, was Sie lernen wollen.
3. Mit dem Lächeln öffnen Sie alle Sinne, damit diese sich beim Lernen leicht und glücklich fühlen. Alle Sinne sollen sich am Lernen beteiligen: zuerst der Gesichtssinn, dann der Reihe nach der Gehör-, der Geruch-, der Tast- und der Geschmacksinn. Schaffen Sie sich ein sinnliches Bild dessen, was Sie lernen wollen: wie es aussieht, mit dem Gesichtssinn; wie es klingt, mit dem Gehör; wie es riecht, mit dem Geruchsinn; wie es sich anfaßt, mit dem Tastsinn; wie es schmeckt, mit dem Geschmacksinn.
4. Unterstützen Sie das Lernen mit gewohnten Bildern aus Ihrem Leben. Wenn Sie Gärtner oder Blumenfreund sind, können Sie alles, was Sie lernen wollen, mit Gärtnerei oder Blumenpflege in Beziehung setzen. Ein Tierfreund kann den Lernstoff mit seinen Details in ein Tier mit seinen Eigenschaften verwandeln.
5. Beteiligen Sie die ganze Person am Lernen. Überprüfen Sie Ihr ganzes System – die Sinne, die Organe, Ihre Arme und Hände usw. –, ob sie wirklich bereit sind zu lernen und ob sie erkennen, was sie eigentlich nicht lernen wollen. Lächeln Sie in die Organe hinein, um ihnen zu sagen, daß Sie sie lieben und an allem beteiligen möchten.

4. Persönliche Kraft durch das Innere Lächeln

a. Lächeln ist der stärkste Ausdruck persönlicher Kraft. Das wahre Innere Lächeln regt alle Organe dazu an, ihren Anteil an eigener Kraft beizusteuern, die dann in gebündelter Form den Sinnen, besonders aber den Augen, zugute kommt. Die Augen sind mit allen Organen und den anderen Sinnen verbunden; mit Hilfe der Augen können Sie Energie zu allen Organen schicken.

Stellen Sie sich vor, daß der Körper sich aus 63 Billionen (63 × 10^{12}) Zellen zusammensetzt und jede Zelle einen winzigen Energiebetrag aussenden kann. Doch wenn Sie diesen Einzelbetrag mit 63 Billionen multiplizieren, ergibt sich eine gewaltige Energie. In entspannter, ruhiger und lächelnder Verfassung können Sie die Energie auf hohem Niveau halten, so daß Sie diese jederzeit in Aktion umsetzen können.

b. Wenn sich Ihr Energieniveau anhebt, verfügen Sie über mehr Energie zur Verbesserung Ihrer Fähigkeiten, sind anpassungsfähiger und wissen genauer, was Sie wollen.

c. Lächeln Sie in die Sexualorgane. Je mehr Sexualenergie Sie besitzen, desto größer Ihre persönliche Kraft und umgekehrt. Lernen Sie, Ihre Sexualenergie durch Recycling zu bewahren und zu mehren und sich durch das Kultivieren sexueller Energie neue Kraftquellen zu erschließen. Von bestimmter Nahrung oder Drogen, die angeblich die Sexualkraft stärken, ist nicht viel zu halten, da ihre Wirkung nicht anhält und sie die Energie nicht auf Dauer vermehren können.

B. Vorbereitung
(für das Innere Lächeln, die Sechs Heilenden Laute und die taoistische Meditation)

1. Warten Sie nach dem Essen eine Stunde mit dem Üben.
2. Suchen Sie sich einen ruhigen Platz. Um die Aufmerksamkeit besser nach innen zu richten, sollten Sie anfangs alle Ablenkungen, z. B. auch das Telefon, ausschalten. Später sind Sie in der Lage, fast überall und auch bei Lärm zu meditieren.
3. Ziehen Sie sich warm genug an; tragen Sie bequeme Kleidung und lockern Sie Ihren Gürtel; legen Sie Brille und Uhr ab.
4. Setzen Sie sich an der Stuhlkante bequem auf die Sitzknochen. Die Genitalien, ein wichtiges Energiezentrum, sollten nicht aufliegen; bei Männern hängt der Hodensack frei herunter. Falls Sie nackt (oder spärlich bekleidet) meditieren, sollten Sie die Genitalien (und den Unterleib) bedecken, um Energieverluste zu vermeiden.

Abb. 2–1

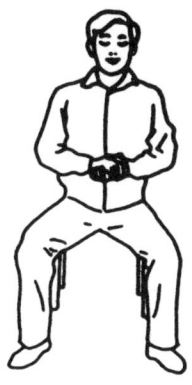

Falsche Sitzhaltung　　　Richtige Sitzhaltung　　　Mit aufrechtem Rücken

5. Die Beine öffnen sich auf Hüftbreite, die Füße stehen fest auf dem Boden.
6. Sitzen Sie aufrecht und bequem, mit entspannten Schultern und leicht eingezogenem Kinn (Abb. 2–1).
7. Legen Sie die Hände in den Schoß, die rechte Handfläche auf die linke. Für Rücken und Schultern kann es angenehmer sein, die Hände durch Unterlegen eines Kissens anzuheben (Abb. 2–2).

Abb. 2–2

Richtige Handhaltung: rechte Handfläche über die linke

8. Schließen Sie die Augen und atmen Sie natürlich. Der Atem sollte sanft, lang und gleichmäßig fließen, aber nach einer Weile können Sie ihn vergessen. Aufmerksamkeit auf die Atmung lenkt den Geist ab, der sich ganz darauf konzentrieren sollte, Energie an die gewünschten Stellen zu leiten. Es gibt Tausende von Atemmethoden, mit denen Sie sich Ihr ganzes Leben beschäftigen können, ohne dauerhafte Energie zu gewinnen.

9. Die Zunge bildet die Brücke zwischen Lenker- und Diener-Gefäß. Zu ihren Funktionen gehört es, die Energien von Thymusdrüse und Hypophyse zu kontrollieren und zu verbinden und die Energien der rechten und linken Gehirnhälfte auszugleichen. Suchen Sie als Anfänger die angenehmste Stellung für die Zungenspitze. Sollte dies nicht am Gaumen sein, legen Sie die Zunge hinter die oberen Schneidezähne (Abb. 2–3).

Abb. 2–3

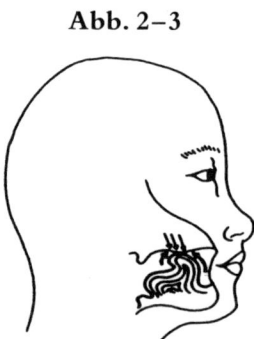

Die Stellung der Zunge

C. Die Übung des Inneren Lächelns

1. In die Organe lächeln – die vordere Körperlinie

Abb. 2–4

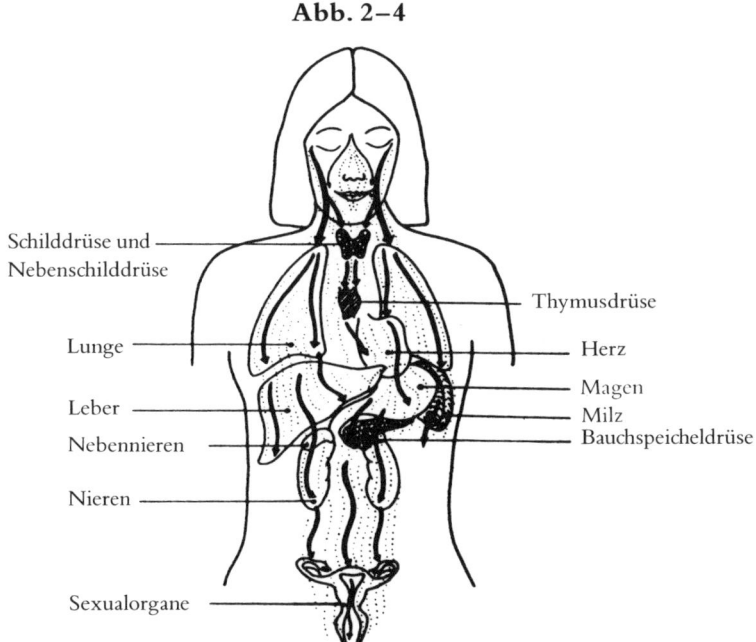

Lächeln durch die vordere Körperlinie – Hauptorgane und Drüsen

a. Augen: Entspannen Sie die Stirn und stellen Sie sich vor, daß Sie einem lieben Menschen begegnen oder etwas Schönes erblikken. Sammeln Sie diese lächelnde Energie in den Augen.

b. Gesicht: Lassen Sie die lächelnde Energie in die Stirnmitte zwischen die Augenbrauen («Drittes Auge») fließen und dann in Nase und Wangen. Das Lächeln entspannt die Gesichtshaut, dringt tief in die Gesichtsmuskeln ein und erwärmt dabei das ganze Gesicht. Es fließt nach unten zum Mund, dessen Winkel leicht angehoben werden, und weiter in die Zunge. Die Zungenspitze geht hoch an den Gaumen, wo sie bei der ganzen Übung bleibt. Lenken Sie die lächelnde Energie in den Kiefer und spüren Sie, wie sich die dort angesammelten Verspannungen lösen.

c. Hals und Nacken: Lächeln Sie in Nacken und Hals, wo sich ebenfalls häufig Spannungen festsetzen. Trotz seiner Enge bildet der Hals eine Hauptverkehrsader für die meisten Körpersysteme: Luft, Nahrung, Blut, Hormone und Signale aus dem Nervensystem reisen durch den Hals nach unten und nach oben. Bei Streß werden diese Systeme überansprucht, und ihre Aktivitäten drängen sich im Hals so zusammen, daß er steif wird. Folgen Sie den taoistischen Meistern, die ihren Hals als Schildkrötenhals betrachten: Lassen Sie ihn in seinen Panzer sinken und dort vom mühsamen Hochhalten des schweren Kopfes ausruhen. Lächeln Sie in Hals und Nacken; spüren Sie, wie die Energie alles öffnet und die Spannung auflöst.

d. Kehle und Brustbein: Lächeln Sie in Ihre Kehle in den Bereich von Schilddrüse und Nebenschilddrüse, wo die Redegabe ihren Sitz hat. Wenn dieses Zentrum blockiert und angespannt ist, kann Chi nicht fließen und Sie können sich nicht frei ausdrücken. Lächeln Sie in die Schilddrüse; spüren Sie, wie sich die Kehle öffnet und wie eine Blume aufblüht (Abb. 2–5).

Abb. 2–5

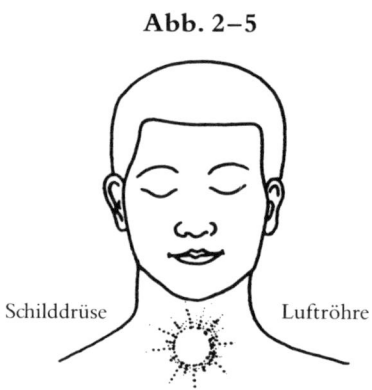

Lächeln Sie in die Kehle

e. Thymusdrüse: Das Lächeln fließt nach unten in die Thymusdrüse, die weich und feucht wird. Die Thymusdrüse ist der Sitz von Liebe, Feuer, Chi und heilender Energie. Fühlen Sie, wie sie sich allmählich ausdehnt und aufblüht und den Duft warmer, heilender Energie zum Herzen sendet.

f. Herz: Lassen Sie die lächelnde Energie ins Herz strömen, dem Sitz von Liebe, Mitgefühl, Ehre, Respekt und Freude.

Das Herz ist faustgroß und befindet sich in der Brustmitte etwas zur linken Seite hin. Spüren Sie, wie das Herz aufblüht, sich mit Freude füllt und die duftende, warme Energie von Liebe, Freude und Mitgefühl mit dem Pulsschlag durch alle Organe schickt. Danken Sie Ihrem Herzen für seine unaufhörliche und lebenswichtige Arbeit, die darin besteht, Blut mit dem richtigen Druck durch den ganzen Körper zu pumpen. Fühlen Sie, wie sich das Herz öffnet und entspannt, während es nun leichter schlägt.

g. Lungen: Leiten Sie das Lächeln und die freudige Energie aus dem Herzen in die Lungen und lächeln Sie in jedes Lungenbläschen. Danken Sie den Lungen für ihre wunderbare Tätigkeit bei der Versorgung des Körpers mit Sauerstoff und beim Ausscheiden von Kohlendioxid. Fühlen Sie, wie die Lungen weicher, schwammiger, feuchter werden und vor Energie prickeln.

Lächeln Sie tief in die Lungen und vertreiben Sie damit Trauer und Depression. Füllen Sie die Lungen mit dem Duft der Rechtschaffenheit, die durch Liebe, Mitgefühl und Freude aus dem Herzen angeregt wird. Lassen Sie die lächelnden Energien aus Herz und Lunge in die Leber fließen.

h. Leber: Lächeln Sie in die Leber, großes Organ auf der rechten Seite unter dem Brustkorb. Danken Sie der Leber für ihren wundervollen Beitrag zur Verdauung und zum Umwandeln, Aufbewahren und Ausscheiden von Nährstoffen und für ihre Arbeit beim Abbau schädlicher Substanzen. Fühlen Sie, wie die Leber weicher und feuchter wird. Gehen Sie nun mit dem Lächeln tiefer in die Leber und suchen Sie dort nach allen Spuren von Ärger und Zorn, um sie mit dem Lächeln zu vertreiben. Das warme Chi von Freude, Liebe und Rechtschaffenheit erweckt dann Freundlichkeit, die positive Energie der Leber, die dieses Organ erfüllt und zu Nieren und Nebennieren weiterfließt.

i. Nieren: Lenken Sie die lächelnde Energie in Ihre Nieren, die sich am Rücken unterhalb der Rippen befinden, rechts und links von der Wirbelsäule. Danken Sie ihnen für ihre Arbeit beim Filtern des Blutes, Ausscheiden von Abfallprodukten und Regulieren des Wasserhaushaltes. Spüren Sie, wie die Nieren kühler, frischer und reiner werden. Lächeln Sie in die Nebennieren: Sie sitzen direkt über den Nieren und erzeugen Adrenalin (für Kampf- oder Fluchtsituationen) und zahlreiche andere Hormone. Als Dank werden Ihnen die Nebennieren vielleicht einen kleinen Adrenalinstoß schenken.

Lächeln Sie wieder tief in die Nieren und suchen Sie dort nach Furcht. Das Lächeln, verstärkt durch die Wärme von Freude, Liebe, Mut und Freundlichkeit, läßt Ihre Ängste dahinschmelzen und die Natur der Nieren, die Sanftheit, hervortreten und die Nieren füllen, bis diese Energie zu Milz und Bauchspeicheldrüse überfließt.

k. Bauchspeicheldrüse und Milz: Lächeln Sie zuerst in die Bauchspeicheldrüse, die in der Bauchmitte über der Hüfte zur linken Seite hin liegt. Danken Sie ihr dafür, daß sie Enzyme für die Verdauung und Insulin zur Regulierung des Blutzuckerspiegels produziert. Lächeln Sie dann in die Milz (auf der linken Seite unterhalb des Brustkorbs) und danken ihr für die Herstellung von Antikörpern gegen bestimmte Krankheiten. Fühlen Sie, wie die Milz weicher und voller wird.

Lächeln Sie weiter tief in Milz und Bauchspeicheldrüse und spüren Sie dort allen verborgenen Sorgen nach. Die warmen Energien von Liebe, Redlichkeit, Freundlichkeit und Sanftheit schmelzen Ihre Sorgen weg und erwecken die positive Kraft der Milz, die Ausgeglichenheit, die dann nach unten zu den Sexualorganen fließt.

l. Sexualorgane: Bringen Sie die lächelnde Energie in die Zentren der Sexualenergie im Unterleib; bei Frauen in den Ovarpalast (etwa 8 cm unterhalb des Nabels zwischen den Eierstöcken). Lächeln Sie in die Eierstöcke, die Gebärmutter und die Scheide.

Bei Männern heißt dieses Zentrum Samenpalast; er liegt etwa 4 cm oberhalb der Peniswurzel im Bereich von Prostata und Samenbläschen. Lächeln Sie in die Vorsteherdrüse und die Hoden und danken Sie ihnen für Sexualhormone und -energie. Lassen Sie Liebe, Freude, Freundlichkeit und Sanftheit in die Sexualorgane fließen, was Ihnen die Kraft geben kann, unkontrollierte sexuelle Begierden zu überwinden. Sie haben die Kontrolle über Ihren Sexualtrieb und nicht umgekehrt. Danken Sie den Geschlechtsorganen für ihr Wirken – Sexualenergie ist die fundamentale Energie des Lebens.

m. *Augen:* Kehren Sie zurück zu Ihren Augen und lächeln Sie nun zügig durch alle Organe und Drüsen auf der vorderen Körperlinie. Überprüfen Sie alle auf verbliebene Spannungen, in die Sie so lange hineinlächeln, bis sie sich auflösen.

2. Ins Verdauungssystem lächeln – die mittlere Körperlinie

Abb. 2–6

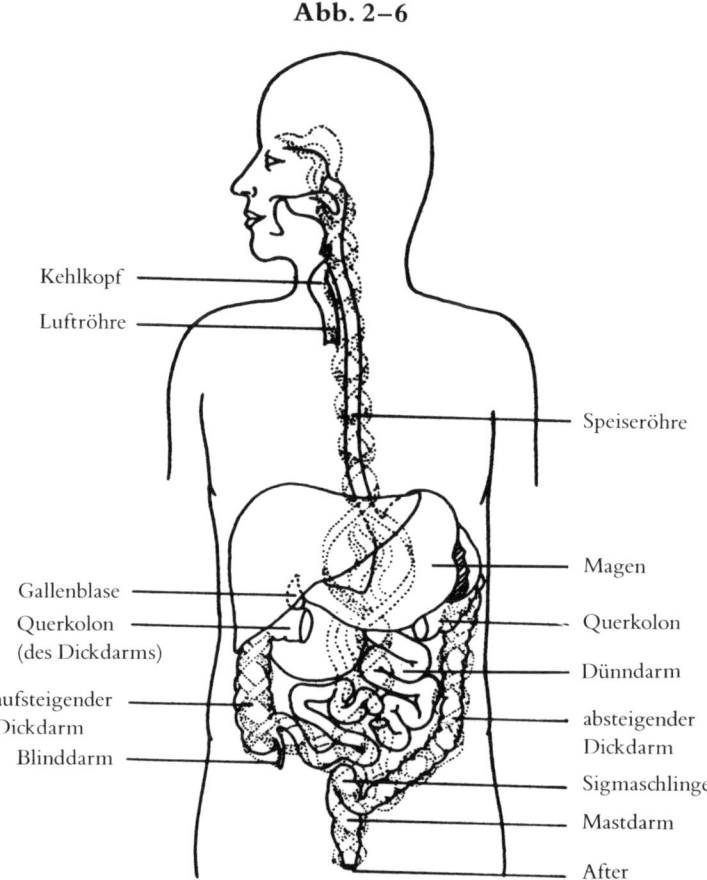

Lächeln durch die mittlere Körperlinie – das Verdauungssystem

a. Magen: Richten Sie die Aufmerksamkeit wieder auf die lächelnde Energie in den Augen und lassen Sie sie zum Mund fließen. Spüren Sie die Zunge und erzeugen Sie Speichel, indem Sie Mund und Zunge bewegen. Legen Sie die Zungenspitze an den Gaumen, spannen Sie die Nackenmuskeln an und schlucken Sie den Speichel mit einem deutlichen Schluckgeräusch hinunter. Folgen Sie dem Speichel mit dem Lächeln durch die Speiseröhre zum Magen, der sich auf der linken Seite unterhalb des Brustkastens befindet. Danken Sie Ihrem Magen für seine wichtige Tätigkeit bei der Verflüssigung und Verdauung der Nahrung. Fühlen Sie, wie der Magen sich beruhigt und entspannt. Da wir unseren Magen manchmal mit ungeeigneter Nahrung mißhandeln, sollten wir ihm versprechen, ihm nur gute Nahrung zuzuführen.

b. Dünndarm: Lächeln Sie in den Dünndarm, in Zwölffingerdarm (Duodenum), Leerdarm (Jejunum) und Krummdarm (Ileum). Der Dünndarm liegt in der Mitte des Unterleibs und ist bei Erwachsenen etwa vier Meter lang. Danken Sie ihm für das Absorbieren von Nährstoffen, die Ihnen Kraft und Gesundheit schenken.

c. Dickdarm: Lächeln Sie in den eineinhalb Meter langen Dickdarm: in den aufsteigenden Dickdarm (der auf der rechten Seite vom Hüftknochen aus aufsteigt und unter dem rechten Leberlappen durchgeht), in den Querkolon (der sich von der Leber aus quer über den Unterleib nach links zum unteren Ende der Milz erstreckt), in den absteigenden Dickdarm (der auf der linken Seite nach unten führt), in die Sigmaschlinge (die sich im Becken befindet), in den Mastdarm und in den After. Danken Sie dem Dickdarm dafür, daß er Abfälle ausscheidet und Ihnen ein Gefühl der Sauberkeit, der Frische und der Offenheit vermittelt. Lächeln Sie in den Dickdarm und spüren Sie, daß er sich in einem warmen, angenehmen, sauberen und ruhigen Zustand befindet.

d. Harnblase: Lenken Sie die lächelnde Energie etwas nach vorne hoch zur Harnblase (hinter dem Schambein) und zu den Harnleitern und danken Sie ihnen für das Speichern und Ausscheiden von Urin.

e. Augen: Lächeln Sie wieder in die Augen und von dort schnell durch die mittlere Körperlinie. Suchen Sie dabei nach Spannungen und lösen Sie diese mit dem Lächeln auf.

3. In Gehirn und Wirbelsäule lächeln – die hintere Körperlinie

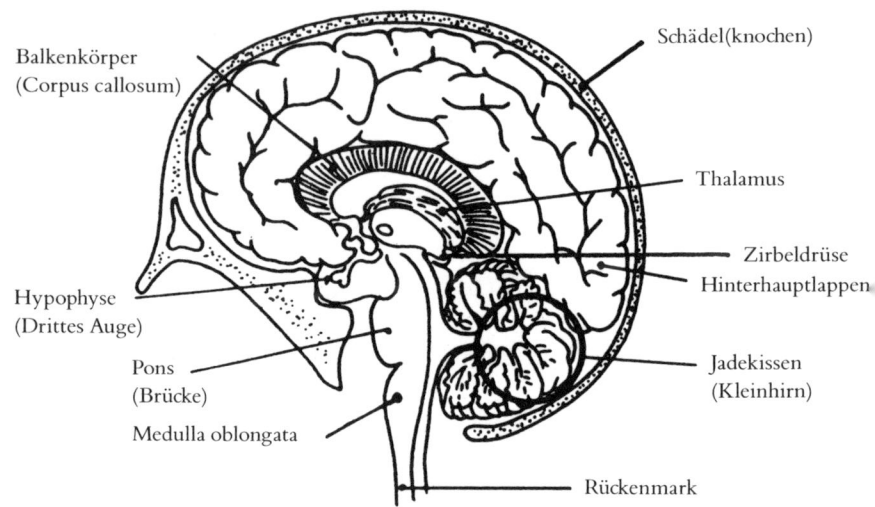

Abb. 2–7

Längsschnitt durchs Gehirn

a. Augen: Richten Sie Ihre Aufmerksamkeit auf die Augen.

b. Gehirn: Lächeln Sie mit beiden Augen nach innen und sammeln Sie die Energie des Lächelns im Dritten Auge. Lenken Sie das Lächeln mit dem inneren Blick zur Hypophyse (8–10 cm hinter der Nasenwurzel) und fühlen Sie, wie diese Drüse aufblüht. Leiten Sie das Lächeln weiter in die dritte Hirnhöhle (3. Ventrikel, der Kraftraum des Nervensystems). Fühlen Sie, wie dieser Raum sich ausdehnt und mit hellem, goldenem Licht erfüllt, das durch das ganze Hirn scheint. Lächeln Sie in den Thalamus, aus dem die Kraft des wahren Inneren Lächelns entspringt. Lächeln Sie in die Zirbeldrüse und spüren Sie, wie diese winzige Drüse allmählich anschwillt. Senden Sie den lächelnden Blick wie ein strahlendes Licht nach oben in die linke Gehirnhälfte, bewegen Sie ihn dort hin und her und hinüber in die rechte Gehirnhälfte und ins Kleinhirn. Dies bringt die beiden Gehirnhälften ins Gleichgewicht und stärkt das Nervensystem.

Abb. 2–8

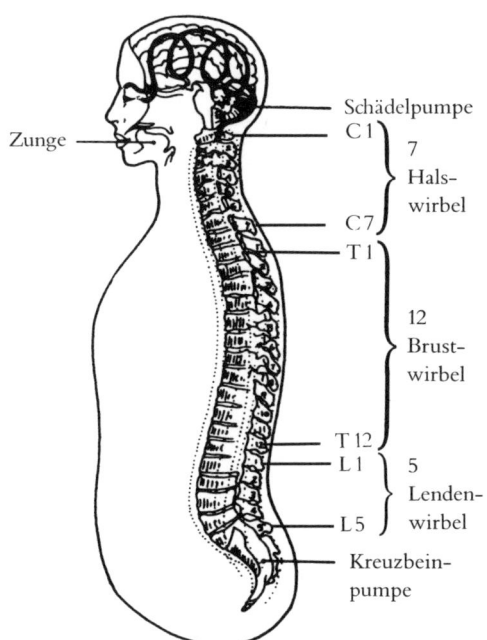

Lächeln durch die hintere Körperlinie – Gehirn und Wirbelsäule

c. *Wirbelsäule:* Lächeln Sie ins Mittelhirn, das sich ausdehnt und weich wird, und von dort nach unten über Brücke (Pons) und verlängertes Rückenmark (Medulla oblongata) zur Wirbelsäule, zum ersten Halswirbel an der Schädelbasis. Lassen Sie liebende Energie mit dem lächelnden inneren Blick durch alle Wirbel und Zwischenwirbelscheiben nach unten fließen, und zählen Sie dabei jeden Wirbel und jede Scheibe: sieben Halswirbel, zwölf Brustwirbel, fünf Lendenwirbel, Kreuzbein und Steißbein. Empfinden Sie Entspannung und Wohlbefinden in der Wirbelsäule und im Rücken. Fühlen Sie, wie die Zwischenwirbelscheiben weich werden und die Wirbelsäule sich so ausdehnt, daß Sie größer werden.

d. *Hintere Körperlinie insgesamt:* Gehen Sie zurück zu den Augen und lächeln Sie rasch durch die ganze hintere Körperlinie. Der ganze Körper sollte sich entspannt fühlen. Diese Übung, die Rückenschmerzen verhindern oder lindern kann, verbessert den Fluß der Rückenmarksflüssigkeit und beruhigt das Nervensystem. Lächeln in die Zwischenwirbelscheiben bewahrt diese vor Verhärtung und Verformung und damit vor einem Zustand, in dem sie Kraft und Gewicht des Körpers nicht mehr richtig dämpfen und abfedern können.

4. Durch den ganzen Körper lächeln

Beginnen Sie wieder mit den Augen und lenken Sie das Lächeln mit dem inneren Blick nacheinander rasch durch die vordere, die mittlere und die hintere Körperlinie nach unten. Mit etwas mehr Übung können Sie das Lächeln gleichzeitig durch alle drei Linien gleiten lassen und dabei auf Organe und Wirbelsäule achten. Spüren Sie die Energie wie einen Wasserfall des Lächelns, der Liebe und der Freude durch den ganzen Körper nach unten fließen. Dabei fühlt sich Ihr Körper geliebt und geachtet.

5. (Lächelnde) Energie im Nabel einsammeln

a. Das Einsammeln und Speichern der Energie im Nabel am Ende der Übung ist sehr wichtig. Die meisten unangenehmen Wirkungen der Meditation werden durch Überhitzung im Kopf oder im Herzen verursacht. Der Nabelbereich kann dagegen die durch das Innere Lächeln freigewordenen Energiemengen ohne Schwierigkeiten aufnehmen.
b. Um die lächelnde Energie einzusammeln, konzentrieren Sie sich auf eine Stelle im Nabelbereich, die etwa 4 cm hinter dem Nabel liegt. Dann lassen Sie Chi in einer spiralförmigen Bewegung 36mal nach außen kreisen, aber gehen Sie dabei nicht über das Zwerchfell hinaus oder tiefer als das Schambein. Männer beginnen die Spirale im Uhrzeigersinn, Frauen in umgekehrter Richtung. Nach 36 Umdrehungen kehren Sie die Drehrichtung der Spirale um und bringen Chi in 24 Kreisen zurück zum Nabel,

Abb. 2–10

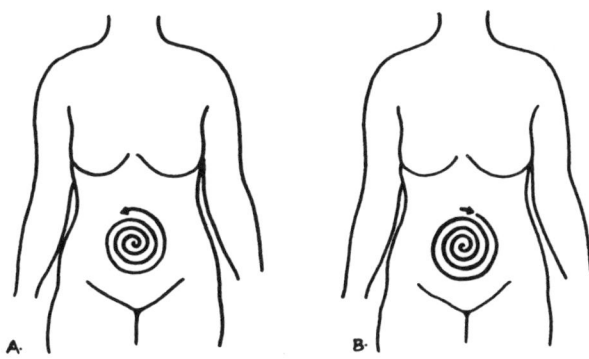

Chi einsammeln für Frauen

Frauen beenden die Übung, indem sie 36mal im Gegenuhrzeigersinn (A.) und 24mal im Uhrzeigersinn (B.) kreisen.

Abb. 2–9

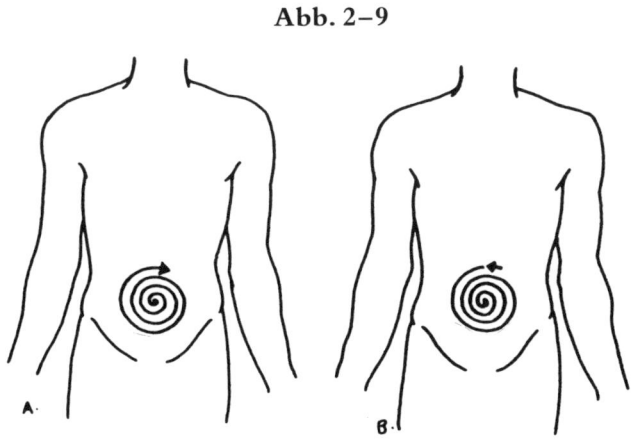

Chi einsammeln für Männer

Männer beenden die Übung, indem sie 36mal im Uhrzeigersinn (A.) und 24mal im Gegenuhrzeigersinn (B.) kreisen.

jetzt die Frauen im Uhrzeigersinn, Männer umgekehrt. Um sich über die Drehrichtungen klar zu werden, stellen Sie sich vor, daß Sie auf eine über dem Nabel liegende Uhr schauen. Anfangs können Sie auch den Zeigefinger, die Faust oder die Handfläche auf der Bauchdecke kreisen lassen, um den Fluß der Energie zu leiten. Zuletzt haben Sie Chi sicher im Nabel gespeichert, wo es Ihnen nach Wunsch zur Verfügung steht (Abb. 2–9/2–10).

6. Tägliche Übung

Üben Sie das Innere Lächeln gleich nach dem Aufwachen, denn das hilft für den ganzen Tag. Wenn Sie Ihren Körper lieben, dann begegnen Sie auch Ihren Mitmenschen liebevoller und können besser arbeiten. Sobald Sie das Innere Lächeln beherrschen und regelmäßig praktizieren, können Sie die Übung bei Zeitmangel beschleunigen.

7. Auflösung negativer Emotionen

Bei Streß, Zorn, Furcht oder Depression lächeln Sie in die Stellen, an denen Ihre Spannungen sitzen, und beobachten, wie sich die negativen Energien allmählich in positive Lebenskraft Chi umwandeln. Unter der Voraussetzung, daß Sie lange genug lächeln, kann die lächelnde Energie so kräfteraubende, negative, emotionale Energien in positives Chi verwandeln.

8. Schmerzen und Beschwerden vertreiben

Sollten Sie irgendwo im Körper Schmerzen und Beschwerden verspüren, dann lächeln Sie beharrlich in die betroffenen Stellen. Sprechen Sie mit ihnen, warten Sie auf Antwort, bis Sie spüren, daß diese Stellen weicher und offener werden und ihre Farbe sich von dunkel zu hell wandelt.

3. Kapitel

Meditation des Kleinen Energie-Kreislaufs

A. Erweckung heilender Lebenskraft

Meditation bedeutet, den Geist still zu machen. Die meisten Meditationswege benutzen dazu eine der folgenden Methoden: Die erste ist die Zen-Methode des «schweigenden Sitzens»; dabei sitzt man vor einer Wand und beobachtet seine Gedanken, bis der Geist leer wird. Man sitzt solange, bis der Moment reiner Bewußtheit eintritt. Die zweite ist die Mantra-Methode, bei der man den Geist mit Hilfe rhythmischer Klänge oder Bilder «einlullt». Nach Tausenden von Wiederholungen beginnt der Körper in höheren Frequenzen zu schwingen und der Meditierende wird sich höherer Energieformen und der Schwingungen von Symbolen, Farben und Bildern bewußt, die jenseits unserer alltäglichen Sinneswahrnehmungen wirksam werden.

Im System des Heilenden Tao benützt man eine andere Methode. Sie beruht nicht auf dem völligen Abschalten des Gedankenstroms, sondern auf einer Art von Meditation, bei der die Aufmerksamkeit auf die Lebenskraft Chi gerichtet wird; man lernt, wie man diese Energie auf gewissen Bahnen im Körper kreisen lassen und wie man Chi wiederverwenden, bewahren, vermehren und in höhere Energieformen umwandeln kann.

Das Öffnen des Kleinen Kreislaufs bildet die Grundlage für das System der taoistischen Meditation. Mit Hilfe besonderer Entspannungs- und Konzentrationstechniken kann der Meditierende seine Lebenskraft Chi auf zwei Meridianen anregen, zum Kreisen bringen, lenken und bewahren. Diese beiden Haupt-Energiebahnen im Körper sind das Diener-Gefäß (chin. tu-mai), das in der Körpermitte auf der Vorderseite verläuft, und das Lenker-Gefäß (chin. jen-mai), das in der Rückenmitte hochsteigt. Auf diesen

Bahnen ist es möglich, Chi – auch Prana, Samen- oder Ovar-Energie oder Warmer Strom genannt – zu immer höheren Energiezentren (Chakren) im Körper zu lenken.

Das Geheimnis des Chi-Flusses ist in China seit Jahrtausenden überliefert worden; diese Übungen haben dort immer wieder beste Wirkungen für Leib und Leben gebracht. Eifriges Üben dieser alten, taoistischen Methoden kann Streß und nervöse Spannungen beseitigen, die inneren Organe massieren, beschädigte Gewebe heilen, das Lebensgefühl stärken und das Wohlbefinden fördern.

Bevor man den Chi-Fluß zu höheren Energiezentren lenken kann, muß man zuerst die beiden Hauptmeridiane öffnen:

Das Lenker-Gefäß (LG) läuft vom Steißbein die Wirbelsäule hoch zum Kopf und von dort über den Punkt zwischen den Augenbrauen und über die Nase zum Obergaumen (Yang-Energie, heiß).

Das Diener-Gefäß (DG) steigt vom Perineum aus auf der Vorderseite hoch bis zur Zungenspitze (Yin-Energie, kalt).

Durch das Öffnen dieser beiden Meridiane werden alle wichtigen Organe mit mehr Chi versorgt. Das Öffnen des Kleinen Kreislaufs ist die erste Stufe bei der Ausstattung des Körpers mit Energieleitungen; später erfolgt das Öffnen anderer Meridiane, damit der Körper mehr Energie aufnehmen kann.

Die Zunge wirkt als Schalter, der diese beiden Bahnen verbindet. Wenn die Zungenspitze hinter den oberen Schneidezähnen am Gaumen anliegt, kann Chi durch die Wirbelsäule hoch und auf der Vorderseite nach unten kreisen. So bilden diese beiden Meridiane einen geschlossenen Stromkreis für die Energie. Der Lebensstrom fließt darin an den Hauptorganen vorbei und durchs Nervensystem und versorgt die Zellen mit allem, was sie zum Wachstum, zur Heilung und für ihr Funktionieren benötigen. Diese kreisende Energie, die man als Kleinen Kreislauf bezeichnet, ist auch von grundlegender Bedeutung für die Akupunktur. Die medizinische Forschung hat die klinische Wirksamkeit der Akupunktur bereits anerkannt, obwohl die Wissenschaftler zugeben müssen, daß sie die Wirkungsweise des Meridian-Systems nicht erklären können. Die Taoisten haben sich ihrerseits schon

Abb. 3–1

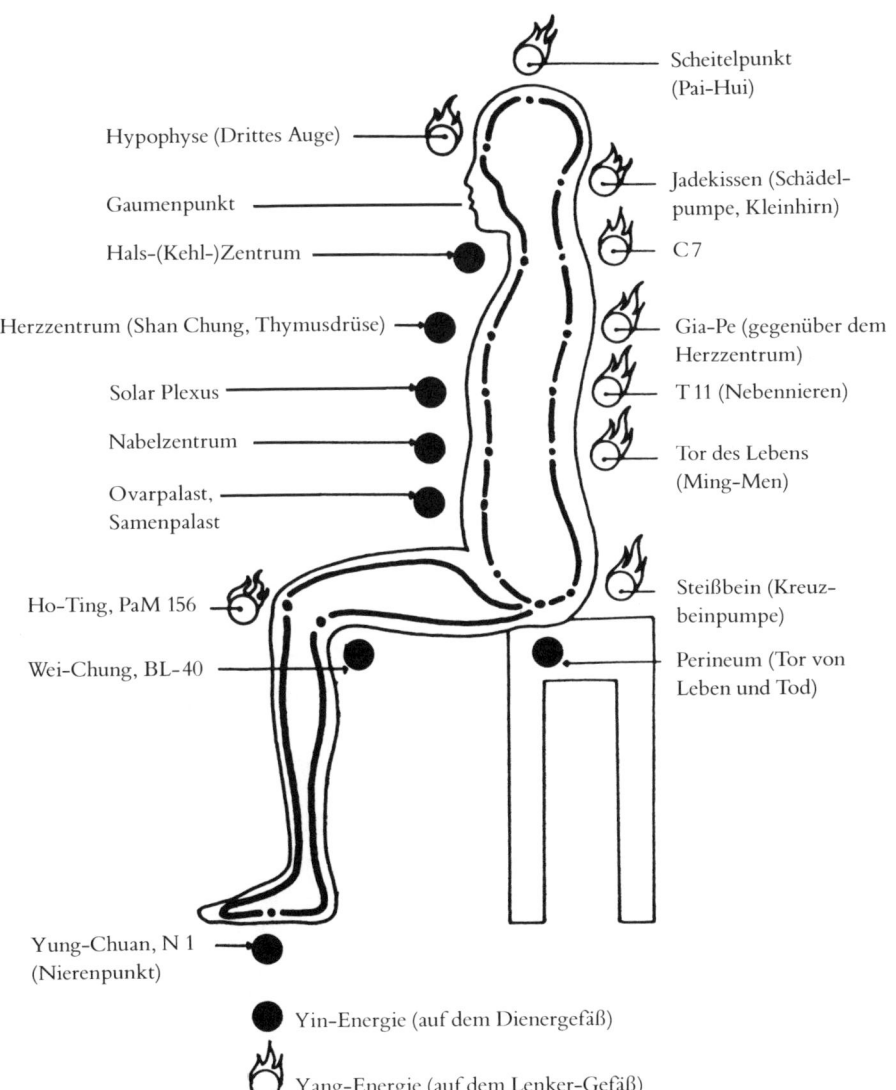

Kleiner Energie-Kreislauf

seit Jahrtausenden mit den Zentren der feinstofflichen Energien befaßt und den Verlauf und die Bedeutung jedes Meridians genau verifiziert. Diese Energiebahnen transportieren auch Organenergie und lächelnde Energie und sie tragen Chi in alle Körperteile (Abb. 3–1).

B. Die Bedeutung des Kleinen Kreislaufs

Die Übung des Kleinen Kreislaufs spielt eine wichtige Rolle bei der Beseitigung von physischen und psychischen Energieblockaden. Sind die Kanäle offen, so läßt sich Chi durch die Wirbelsäule hochpumpen, Körper und Geist können von Chi durchdrungen und belebt werden und Energiestaus lassen sich ableiten. Wenn sich zum Beispiel im Kopf Chi mit starkem Druck anstaut, kann viel Energie durch Augen, Ohren, Nase und Mund verlorengehen – wie Wärme aus einem beheizten Raum mit offenen Fenstern.

Den Kleinen Kreislauf können Sie öffnen, indem Sie jeden Morgen nach dem Inneren Lächeln ein paar Minuten meditieren. Schließen Sie die Kreisbahn, indem Sie die Energie mit Hilfe des Bewußtseins leiten. Beginnen Sie in den Augen und folgen Sie der Energie mit dem Bewußtsein: über Zunge, Hals, Brust und Bauch nach unten und dann durch Steißbein und Wirbelsäule hoch zum Kopf.

Anfangs werden Sie nichts merken, aber nach einer gewissen Zeit können Sie den kreisenden Strom an einigen Stellen als Wärme empfinden. Wichtig ist dabei, daß Sie sich einfach entspannen und Ihre Vorstellung direkt auf bestimmte Abschnitte und Zentren der Kreisbahn richten. Dabei sollten Sie nicht visualisieren, wie die betreffende Stelle aussieht oder was Sie dort fühlen, sondern den wirklichen Fluß wahrnehmen. Bei Menschen, die in Einklang mit der Natur leben, können diese Kanäle bereits offen sein.

Allen, die die hier dargestellten Techniken der Entspannung und Streßumwandlung gut beherrschen wollen, ist die Übung des Kleinen Kreislaufs besonders zu empfehlen. Ohne die Beherrschung des Kleinen Kreislaufs ist es schwierig, zu den höheren Stufen der Umwandlung von emotionalen Energien fortzuschreiten.

Die Wirkungen des Kleinen Kreislaufs beschränken sich nicht darauf, den Energiefluß zu erleichtern, sondern betreffen auch die Vorbeugung gegen Altern und die Heilung zahlreicher Beschwerden, wie hoher Blutdruck, Schlaflosigkeit, Kopfschmerzen und Arthritis.

Anmerkung:
Eine ausführliche Darstellung von Theorie und Praxis des Kleinen Energie-Kreislaufs findet sich in:
Mantak Chia, Tao Yoga – Praktisches Lehrbuch zur Erweckung der heilenden Urkraft Chi, Ansata-Verlag. (Siehe Anzeige am Schluß des Buches!)

4. KAPITEL
Die Sechs Heilenden Laute

A. Grundlagen und Wirkungen

Vor Tausenden von Jahren entdeckten die taoistischen Meister bei der Meditation sechs Laute, deren Schwingungen die Organe in optimaler Verfassung halten und Krankheiten lindern und verhindern. Sie fanden heraus, daß ein gesundes Organ in einer bestimmten Frequenz schwingt, und entwickelten zur Unterstützung der sechs Laute sechs Übungen, um die den Organen zugeordneten Meridiane zu aktivieren.

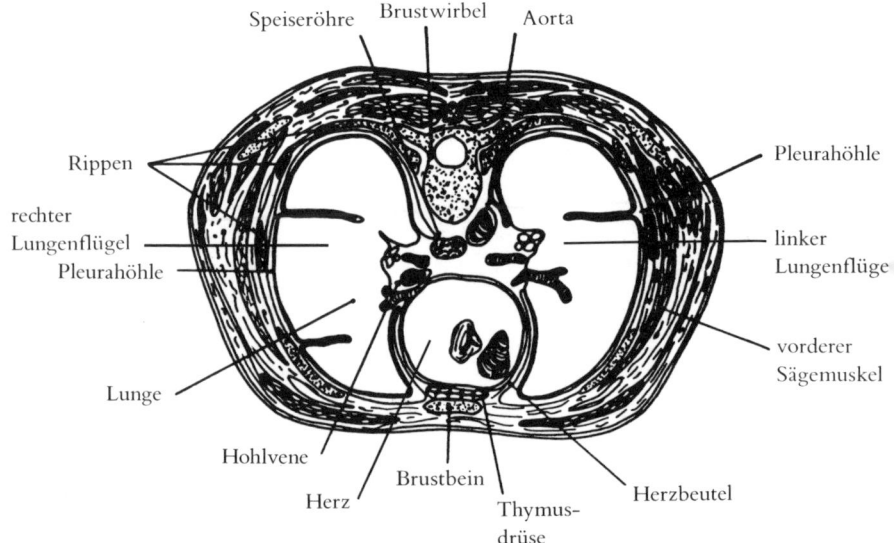

Abb. 4–1

Organe des Brustkorbs
(Querschnitt)

1. Überhitzung der Organe

Es gibt viele Gründe und Anlässe für Funktionsstörungen in den Organen. Im modernen Großstadtleben leiden wir an physischem und psychischem Streß, der durch Überbevölkerung, Umweltverschmutzung, Strahlung, schlechte Ernährung, chemische Zusätze, Angst, Einsamkeit, schlechte Haltung und Überanstrengung bedingt ist. Jeder dieser Faktoren oder ihre Summierung erzeugt im Körper Blockaden, die den freien Fluß der Energie behindern, und so kommt es in den Organen zu Überhitzung. Außerdem fehlen uns im Beton-Dschungel der Städte die natürlichen Sicherheitsventile wie Bäume, offene Räume und fließendes Wasser, die kühle und reinigende Energien verbreiten. Bei andauernder Überhitzung kommt es in den Organen zu Schrumpfung und Verhärtung, so daß das betroffene Organ nicht mehr richtig arbeiten kann und erkrankt. Ein Chirurg, der mit dem Healing Tao Center in New York zusammenarbeitet, berichtete, daß die Herzen mancher Patienten, die an einem Herzschlag gestorben waren, so aussehen, als ob sie gekocht worden wären. Die alten Taoisten wußten schon, daß Streß das Gehirn zum Kochen bringt.

2. Das Kühlsystem der Organe

Die chinesische Medizin lehrt, daß jedes Organ von einer Art Beutel oder Membran, der sogenannten Faszie, umgeben ist, welche seine Temperatur reguliert. Diese Membran gibt überschüssige Hitze durch die Haut nach außen ab, wo sie gegen frische, kühle Energie ausgetauscht wird. Bei übermäßigen physischen oder psychischen Spannungen klebt die Membran am Organ, so daß sie weder richtig Hitze an die Haut abgeben noch dort kühle Energie aufnehmen kann. Die Haut wird von Giftstoffen verstopft und das Organ zu heiß (Abb. 4–2).

Die Sechs Heilenden Laute beschleunigen den Hitzeaustausch durch Verdauungssystem und Mund. Das Verdauungssystem, ein einziger Schlauch von etwa sieben Meter Länge, verläuft

Abb. 4–2

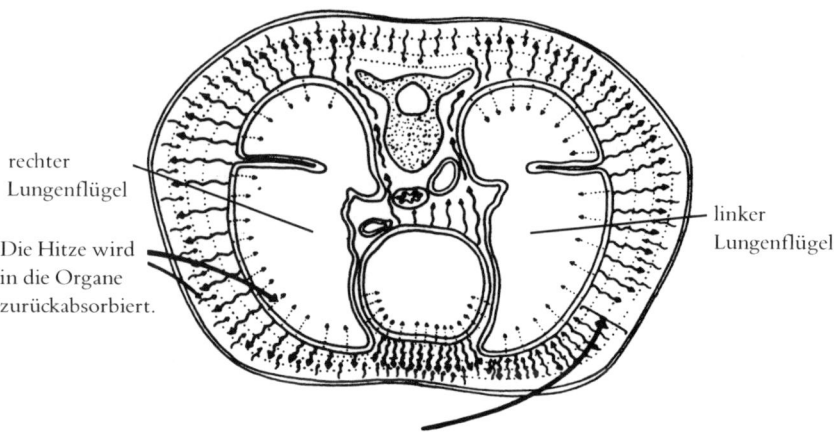

rechter Lungenflügel
Die Hitze wird in die Organe zurückabsorbiert.

linker Lungenflügel

Giftige Ablagerungen auf Geweben und Muskeln blockieren den freien Durchgang der aus den Organen kommenden Hitze, die in die Organe zurückreflektiert wird, wo sie Druck, Überhitzung und Funktionsstörungen hervorrufen kann.

Überhitzung der Organe

Abb. 4–3

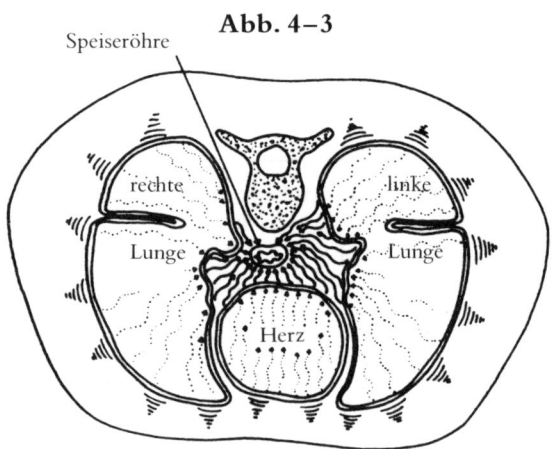

Speiseröhre

rechte Lunge — linke Lunge

Herz

Die Laute befördern die Hitze aus den Organen durch die Speiseröhre aus dem Körper.

Kühlsystem der Organe

durch die Körpermitte zwischen allen Organen vom Mund zum After. Hier wird überschüssige Hitze aus den Faszien freigesetzt, und dadurch werden Organe und Haut gekühlt und gereinigt. Wenn alle Laute und Bewegungen richtig ausgeführt werden, verteilt sich die Körperhitze durch den Verdauungstrakt gleichmäßig im ganzen Körper, und in jedem Organ herrscht die rechte Temperatur (Abb. 4–3).

3. Vorbeugung und Heilung durch die Laute

Durch tägliche Übung der Sechs Heilenden Laute können wir Ruhe und gute Gesundheit wiederherstellen und bewahren und das Leben besser genießen. Kleinere Beschwerden wie Erkältungen, Grippe, Heiserkeit lassen sich leicht verhindern oder loswerden. Viele meiner Schüler konnten ihre langjährige Abhängigkeit von Schlaftabletten, Beruhigungsmitteln, Aspirin und Antazida (Mittel gegen Magensäure) loswerden. Opfer von Herzanfällen haben weitere Anfälle verhindert. Einige Psychologen haben ihre Patienten die Sechs Heilenden Laute gelehrt, damit Depression, Angst oder Wut gelindert werden. Heiler haben bei Körpertherapien die Sechs Heilenden Laute eingesetzt, um die Heilung zu beschleunigen und um sich selbst größere Energieverluste zu ersparen. Jedem der sechs Organe ist ein Nebenorgan (vgl. Abb. 4–4) zugeordnet, das in gleicher Weise wie das Hauptorgan auf den entsprechenden Laut reagiert. Ist ein Hauptorgan geschwächt oder überhitzt, dann ist das Nebenorgan in ähnlicher Weise betroffen. Die Übung eines bestimmten Lautes wirkt positiv auf das Organ und auf sein Nebenorgan.

4. Empfindungen in der Ruhephase

In den Ruhephasen der Übung empfindet jeder etwas anderes: Kühle, Kribbeln, Vibrieren oder ein Gefühl der Leichtigkeit oder Ausdehnung in einem bestimmten Körperteil. Vielleicht spüren

Sie auch nur ein allgemeines Gefühl der Entspannung, oder Sie beginnen Veränderungen in den Organen zu registrieren, nachdem diese durch die Übung weicher, feuchter, schwammiger und offener geworden sind.

5. Wirkungsvolle Kontrolle negativer Emotionen

Mit Hilfe der Sechs Heilenden Laute können Sie die Organe schnell zur Ruhe bringen. In unseren Großstädten läßt es sich nicht verhindern, daß wir Schadstoffe und überschüssige Hitze aus der Umgebung aufnehmen. Die verschiedensten Einflüsse reizen Körper und Organe zur Überaktivität. Da der Energiefluß behindert ist, kann negative Energie den Körper nicht verlassen, sondern zirkuliert und fängt sich in den Organen und ihren Faszien. Das führt zu weiterer Überhitzung, einem Zuwachs an negativen emotionalen Energien und zu größerem Streß. Dabei ist es so einfach, die in den Organen eingeschlossenen Gase zu entfernen und auszutauschen, indem man die Organ-Laute praktiziert. Darin folgen wir den alten taoistischen Meistern, welche die enge Verbindung von Organen und bestimmten Lauten entdeckten. Mit den Heilenden Lauten können auch wir die Organe mit frischer Energie versorgen und uns negativer Energien entledigen oder sie umwandeln.

6. Mundgeruch

Mundgeruch ist zwar ein verbreitetes Problem, aber viele Menschen sind sich der negativen Folgen auf ihr Leben nicht bewußt. Wer mit einem solchen Menschen in Kontakt kommt, fühlt sich unwohl. Wer sein Problem zwar kennt, es aber nicht loswerden kann, verliert nach und nach sein Selbstvertrauen in der Öffentlichkeit. Zahnverfall, eine der Ursachen für Mundgeruch, kann von einem Zahnarzt behoben werden. Andere Ursachen für Mundgeruch sind Erkrankungen der Organe, doch im allgemeinen ist ein schwacher und kranker Magen die Hauptursache für

Mundgeruch. Bei reduzierter Verdauungstätigkeit sammelt sich nur teilweise verdaute Nahrung an den Wänden des Magens und der Eingeweide, was zu Mundgeruch führt. Mit Hilfe der Sechs Heilenden Laute können Sie den Körper entgiften, die Organe stärken und eingeschlossene Gase, die Mundgeruch verursachen, ausscheiden.

7. Körpergeruch

Besonders im Sommer hält man sich von Menschen mit starkem Körpergeruch fern. Körpergeruch kann bei langer Arbeit unter Streß entstehen. Das führt zu nervöser Belastung der Organe und zu Organschmerzen führt: z. B. zu Magenschmerzen, die die Verdauung und den Kreislauf des Chi behindern. Der Schweißgeruch macht sich dann besonders stark bemerkbar, vor allem in den Achselhöhlen. Unter den Sechs Heilenden Lauten ist es vor allem der Lungen-Laut, der hier Abhilfe schaffen kann, denn dabei hebt man die Arme über den Kopf und öffnet die Achselhöhlen. Dadurch kann an dieser Stelle die Energie besser fließen und sich austauschen, so daß die Organe ebenfalls offener und reiner werden.

Auch der Nieren-Laut hilft gegen Körpergeruch. Wer ins Schwitzen kommt, sobald er sich ein bißchen bewegt oder nervös wird, hat schwache Nieren. In geschwächten oder kranken Nieren versagt das Filtersystem für die Harnsäure, was zu einer Anhäufung dieser Säure in den Nieren und im ganzen Körper und zu übelriechenden Schweißabsonderungen führt. Wenn überschüssiges Wasser im Körper nicht durch die Nieren ausgeschieden werden kann, resultiert das in Anspannung und Furcht, und das äußert sich dann in Schweißgeruch. Die Übung des Nieren-Lautes und eine leichte Klopfmassage der Nierengegend können Harnsäurekristalle aus den Nierenfiltern lösen. Auch die Fußsohlen-Massage am Nieren-Punkt (Punkt 1 des Nierenmeridians: «Sprudelnde Quelle») ist dabei sehr nützlich.

8. Gähnen, Aufstoßen und Blähungen

Bei den Sechs Heilenden Lauten kommt es häufig zu Reaktionen wie Gähnen, Aufstoßen oder Blähungen, die im Westen zwar als unschicklich gelten, aber in Wirklichkeit wohltuend sind. Diese Reaktionen erfolgen im Zusammenhang mit dem Freiwerden von eingeschlossenem schlechtem Atem, Gas und heißem Chi aus dem Verdauungssystem. Beim Einatmen nimmt man in der Speiseröhre frische, kühle Energie auf und atmet sie in die Organe. Wenn man mit dem richtigen Laut ausatmet, bewirkt man einen Energieaustausch, leitet positive Energie zu dem betreffenden Organ und vertreibt die Abfallenergie. Heutzutage gibt man in der ganzen Welt Milliarden für Antazida und mit Kohlensäure versetzte Getränke aus, um damit eingeschlossene Gase loszuwerden. Die Sechs Heilenden Laute sind hier viel wirksamer und billiger.

9. Entgiftung durch Chi

Die Sechs Heilenden Laute stellen auch eine der besten Entgiftungsmethoden für die Organe dar, weil dabei frische Energie zur Reinigung eingesetzt wird. In Folge der Entgiftung kann es dann bei manchen Menschen auch zu Blähungen, zu Durchfall oder übelriechendem Stuhlgang kommen. Um die Organe zu reinigen und zu entgiften, geben die Menschen viel Geld für Kräuter und Medikamente aus; aber diese Substanzen verbleiben häufig in den Organen und vergiften diese noch mehr.

10. Tränen und Speichel

Bei der Übung der Sechs Heilenden Laute können Tränen als weiteres Anzeichen der Entgiftung auftreten. Tränen schützen vor Augenkrankheiten und reinigen die Organe. Auf diese Art der Reinigung folgt im allgemeinen ein reichlicher Speichelfluß aus den Speicheldrüsen im Mund; dieser Speichel schmeckt frisch und duftend. Schlucken Sie ihn hinunter, indem Sie die Zunge an den Gaumen drücken und den Hals strecken.

11. Verbesserung der Beweglichkeit

Eingeschlossene schlechte Energie führt zu Anspannung und Schmerzen in den Organen, was viele körperliche Aktivitäten behindern kann. Dr. G. Goodheart, der Urheber der schon erwähnten «Applied Kinesiology», hat festgestellt, daß jeder große Muskel mit einem Organ in Verbindung steht. Schwächen in einem Muskel bedeuten im allgemeinen, daß Probleme im Energieniveau des zugeordneten Organs bestehen. In der taoistischen Lehre stehen alle Organe in Beziehung zu bestimmten Bewegungen und den Extremitäten. So können eingeschlossene schlechte Energien oder negative Emotionen und ein durch Spannung oder Streß reduzierter Energiefluß in einem Organ dazu führen, daß die Bewegungen des Muskels, der diesem Organ zugeordnet ist, steif, schmerzvoll und eingeschränkt sind. Die Muskeln gleichen einem Energiespeicher für die Organe. Bei zahlreichen Übenden hat sich die Beweglichkeit gebessert, nachdem sie durch die Übung der Sechs Heilenden Laute die Spannungen in den Organen aufgelöst hatten.

B. Tafel der Entsprechungen
(Abb. 4-4)

Element	Metall	Wasser	Holz	Feuer	Erde	(Feuer)
Hauptorgan (tsang)	Lunge	Nieren	Leber	Herz	Milz,	Perikardium (Herzbeutel)
Nebenorgan (fu)	Dickdarm	Blase	Gallenblase	Dünndarm	Magen, Bauchspeicheldrüse	Drei Erwärmer
Körperteile	Brust, Innenseite der Arme	Brust, Innenseite der Beine, Seite des Fußes	Innenseite der Beine, Leisten, Zwerchfell, Rippen	Achselhöhlen, Innenseite der Arme	Gesicht, Brust, Seiten der Beine, Leisten	Schläfe, Außenseite der Arme, Ohrengegend
Finger	Zeigefinger	kleiner Finger	Ringfinger	Mittelfinger	Daumen	
Gewebe, Flüssigkeiten etc.	Schleimhäute, Haut	Knochen	Sehnen und Faszien, Nägel	Blut, Schweiß	Muskeln	
Sinnesorgan	Nase	Ohren	Augen	Zunge	Mund, Lippen	
Sinn	riechen	hören	sehen	reden	schmecken	
Geschmack	scharf	salzig	sauer	bitter	süß	
Jahreszeit (der größten Aktivität)	Herbst	Winter	Frühling	Sommer	Spätsommer	
Tageszeit	Abend	Nacht	Morgen	Mittag	Nachmittag	
Stunde: tsang (fu)	3–5 (5–7)	17–19 (15–17)	1–3 (23–1)	11–13 (13–15)	7–9 (9–11)	19–21 (21–23)
Klima	Trockenheit	Kälte	Wind	Hitze	Feuchte	

Farbe	weiß	dunkelblau/ schwarz	grün	rot	gelb
positive Emotionen	Rechtschaffenheit, Mut, Loslassen, Leere, Anpassungsfähigkeit	Sanftheit, Gelassenheit, Wachheit, Stille	Freundlichkeit, Phantasie, Tatkraft	Freude, Liebe, Glück, Ehre, Respekt, Kreativität, Enthusiasmus, Geist, Ausstrahlen, Konzentration, Einsicht, Selbstbewußtsein	Ausgeglichenheit, Offenheit, Mitgefühl, Nachdenken, Musikalität, Gerechtigkeit
negative Emotionen	Trauer, Depression, Kummer	Furcht, Angst, Streß	Ärger, Zorn, Wut, Aggressivität	Ungeduld, Hektik, Launenhaftigkeit, Grausamkeit, Arroganz	Sorgen, Grübeln, Mitleidigkeit
Gefühlsäußerung	weinen	stöhnen	rufen	lachen	singen
Heilender Laut	SSSSS	Kerze ausblasen	SCHHH	HHAAA	HHUUU
Artikulation des Lautes	Zunge hinter den Zähnen	Lippen gerundet wie bei «O»	Zunge nahe am Gaumen	Mund weit geöffnet	guttural
					Luft strömt zwischen gespreizten Lippen aus

Tabelle der wichtigsten energetischen Entsprechungen nach der Lehre von den Fünf Elementen (Wandlungsphasen)

C. Hinweise zur Übung der Sechs Heilenden Laute

1. Beachten Sie alle Anweisungen zu der Vorbereitung für das Innere Lächeln (2. Kap., B).
2. Je genauer Sie die Haltung, die Bewegungen, die Vorstellungen und den Laut für jedes Organ ausführen, desto größer die Wirkungen.
3. Bei allen Ausatem-Positionen schauen Sie mit zurückgekipptem Kopf nach oben. Dadurch entsteht ein gerader Weg vom offenen Mund über die Speiseröhre nach unten zu den Organen, was den Energieaustausch fördert.
4. Die Laute sollten gleichmäßig, langsam und zunächst im Flüsterton, d. h. ohne Stimmeinsatz, ausgeführt werden – dabei artikulieren Lippen, Zähne und Zunge den Laut. Um die Wirkung zu intensivieren, können Sie später den Ton ganz wegnehmen und die Schwingungen so nach innen richten, daß nur Sie den Laut wahrnehmen.
5. Üben Sie die Laute in der vorgegebenen Reihenfolge, die der natürlichen Abfolge der Jahreszeiten vom Herbst bis zum Spätsommer folgt. Das fördert die gleichmäßige Verteilung der Hitze im Körper.
6. Im Unterschied zu den anderen Übungen liegen diesmal die Hände mit dem Handrücken auf den Oberschenkeln.

D. Übungsablauf

1. Vorbereitung: Nehmen Sie die korrekte Meditationshaltung ein, spüren Sie das betreffende Organ (das zugeordnete Nebenorgan) und das entsprechende Sinnesorgan sowie deren Verbindung.
2. Bewegungsablauf: Mit dem Einatmen bringen Sie Arme, Kopf und Körper in die erforderliche Position. Spüren Sie, wie dabei frische Luft in das betreffende Organ einströmt und richten Sie Ihre liebevolle Aufmerksamkeit auf dieses Organ.
3. Laut: Atmen Sie langsam, gleichmäßig und flüsternd auf den

vorgeschriebenen Laut aus. Dabei entweichen überschüssige Hitze, krankmachende Energien und negative Emotionen aus dem Organ und seiner Faszienhülle.

4. *Ruhepause:* Nehmen Sie wieder die Ausgangsstellung ein und verharren Sie mindestens 30 Sekunden in dieser Stellung. Lassen Sie sich Zeit bis zum nächsten Laut, denn in dieser Phase wirkt die Entspannung am tiefsten. Mit geschlossenen Augen atmen Sie natürlich und unverkrampft in das betreffende Organ, richten Ihre Aufmerksamkeit und das Lächeln auf das Organ, lassen den Laut nachschwingen, erfüllen das Organ mit positiven Emotionen und farbigem Licht und spüren den Energieaustausch in den Handflächen und dem Organ.

5. *Wiederholung:* Anfangs sollten Sie jeden Laut drei- bis sechsmal üben. Bei Beschwerden in dem betreffenden Organ können Sie den Laut so oft wie nötig wiederholen.

E. Die Übung der Sechs Heilenden Laute

1. Lunge

Hauptorgan	Lunge
Nebenorgan	Dickdarm
Element	Metall
Jahreszeit/Wetter	Herbst – Trockenheit
Negative Emotionen	Trauer, Kummer, Depression
Positive Emotionen	Mut, Rechtschaffenheit, Anpassungsfähigkeit, Loslassen, Leere
Laut	SSSS
Körperteile	Brust, Innenseite der Arme
Sinne	Nase – Geruch – Schleimhäute, Haut
Geschmack	scharf
Farbe	weiß

Übung

Vorbereitung: Spüren Sie die Lungen und die Verbindung von Lungen und Nase (Abb. 4–5).

Abb. 4–5

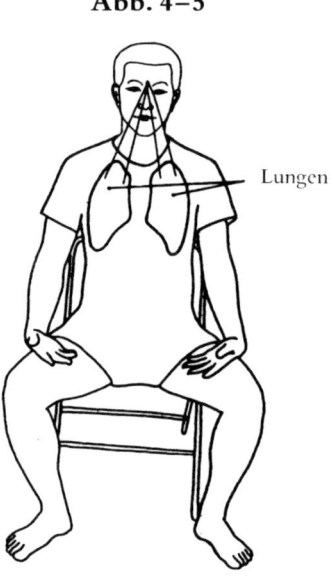

Spüren Sie die Lungen

Bewegungsablauf: Mit tiefem Einatmen heben Sie die Arme vorne hoch und folgen mit den Augen. Auf Augenhöhe beginnen Sie die Handflächen nach oben zu drehen. Heben Sie die Hände über den Kopf und blicken Sie zur Decke. Die Ellbogen bleiben gerundet und Sie spüren eine Streckung von den Handwurzeln über Unterarme, Ellbogen und Oberarme bis in die Schultern. Das öffnet Lungen und Brust für die Atmung (Abb. 4–6/4–7).

Laut: Schließen Sie die Kiefer, so daß sich die Zähne sanft berühren, und teilen Sie die Lippen etwas. Ziehen Sie die Mundwinkel nach hinten und atmen Sie aus.

Dabei lassen Sie den Atem durch den Spalt zwischen den Zähnen strömen und atmen in einem Zug langsam, gleichmäßig und ohne Stimmeinsatz auf den Laut SSSS aus (Abb. 4–8).

Abb. 4–6

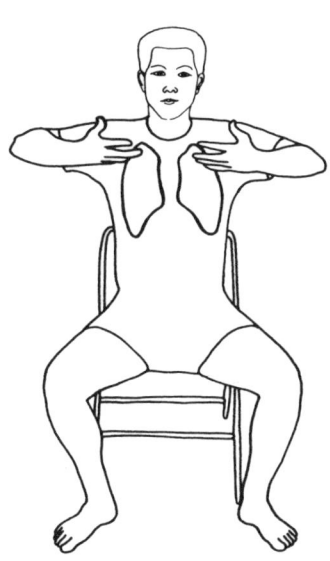

Drehen Sie die Handflächen nach oben

Abb. 4–7

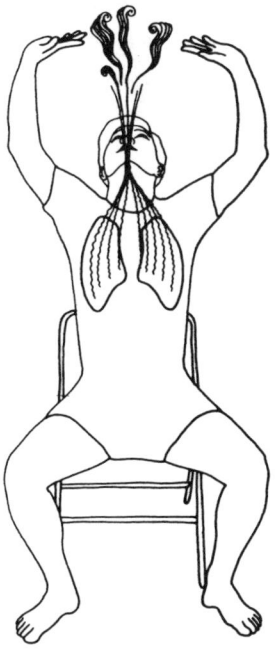

Heben Sie die Hände über den Kopf

Abb. 4–8

Mundstellung für den Lungen-Laut: Kiefer schließen, Zähne zusammen, Mundwinkel nach hinten

Abb. 4–9

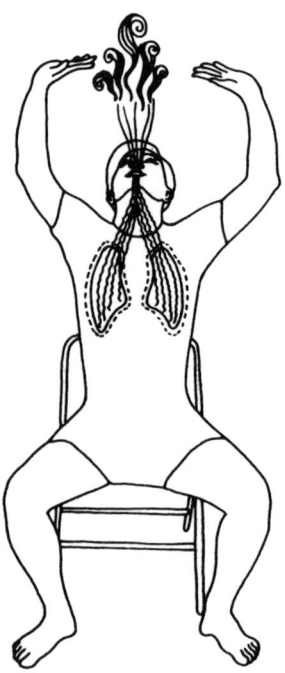

Stellen Sie sich den Lungensack vor und spüren Sie, wie die Luft beim Ausatmen aus ihm herausgedrückt wird

Dabei stellen Sie sich die Pleura vor (den Lungensack) und spüren, wie die Luft aus ihr herausgedrückt wird und mit der Luft überschüssige Hitze, kranke Energie, Trauer, Kummer und Depression entweichen (Abb. 4–9).

Ruhepause: Nach dem vollständigen Ausatmen (ohne zu übertreiben) drehen Sie die Handflächen nach unten, schließen die Augen und atmen tief in die Lungen, um sie zu stärken. Bringen Sie langsam die Arme nach unten, indem Sie die Schultern sanft senken, und legen Sie zuletzt die Handrücken wieder auf die Oberschenkel. Stellen Sie sich vor, daß Mut und Rechtschaffenheit in die ganzen Lungen einströmen. Visuell Begabte können dabei ein reines weißes Licht sehen. Spüren Sie den Energieaustausch an den Handflächen und in der Lunge. Mit geschlossenen Augen atmen Sie normal, lächeln in die Lungen, spüren die Lungen und stellen sich vor, Sie würden immer noch den Laut erzeugen. Achten Sie auf Ihre Empfindungen und auf den Austausch von kühler, frischer Energie gegen heiße, verbrauchte Energie.

Abb. 4–10

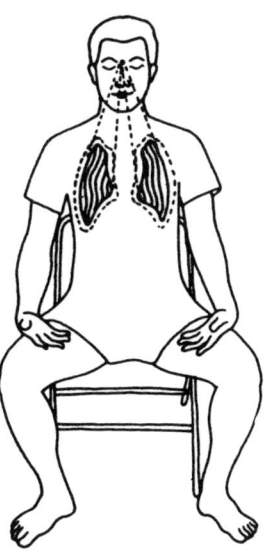

Schließen Sie die Augen, atmen Sie normal und lächeln Sie in die Lungen

Wiederholung: Nachdem sich Ihr Atem beruhigt hat, wiederholen Sie die Übung drei- bis sechsmal.

Sie können den Laut 9-, 12-, 18-, 24- oder 36mal wiederholen, wenn Sie unter Erkältung, Grippe, Verschleimung, Zahnschmerzen, Asthma, Lungenemphysem, Depression oder Raucherhusten leiden, oder wenn Sie die Beweglichkeit der Brust und des Innenarms verbessern oder die Lungen entgiften wollen.

Wenn Sie sich vor einer Menschenmenge nervös fühlen, kann der Lungen-Laut helfen, indem Sie ihn ohne Stimmeinsatz und Armbewegungen mehrmals ausführen. Sollte der Lungen-Laut Sie nicht beruhigen können, wenden Sie den Herz-Laut und das Innere Lächeln an.

2. Nieren

Hauptorgan	Nieren
Nebenorgan	Blase
Element	Wasser
Jahreszeit/Klima	Winter/Kälte
Negative Emotionen	Furcht, Schrecken, Streß
Positive Emotionen	Sanftheit, Stille, Wachheit, Gelassenheit
Laut	Kerze ausblasen
Körperteile	Seiten des Fußes, Innenseiten der Beine, Brust, Knochen
Sinne	Ohren – Gehör
Geschmack	salzig
Farbe	dunkelblau/schwarz

Übung

Vorbereitung: Spüren Sie die Nieren, die Ohren und deren Verbindung.

Abb. 4–11

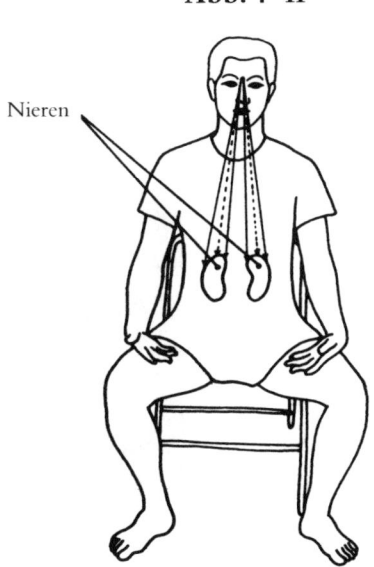

Nieren

Spüren Sie die Nieren

Bewegungsablauf: Schließen Sie die Beine, so daß Knie und Knöchel sich berühren. Atmen Sie tief ein und beugen Sie sich vor. Dabei fassen Sie mit den Fingern der rechten Hand um die linke Hand, legen die Hände um die Knie und spannen die Arme so an, daß Sie an der Stelle der Nieren im Rücken einen Zug spüren. Schauen Sie nach oben und kippen Sie den Kopf ohne Anspannung nach hinten (Abb. 4–12).

Laut: Runden Sie die Lippen und führen Sie den Laut geräuschlos so aus, als ob Sie eine Kerze ausblasen wollten. Gleichzeitig ziehen Sie die Bauchdecke zwischen Brustbein und Nabel nach hinten in Richtung Wirbelsäule. Stellen Sie sich vor, daß dabei überschüssige Hitze, feuchte und kranke Energie und Furcht aus der Hülle um die Nieren herausgepreßt werden (Abb. 4–13/4–14).

Abb. 4–12

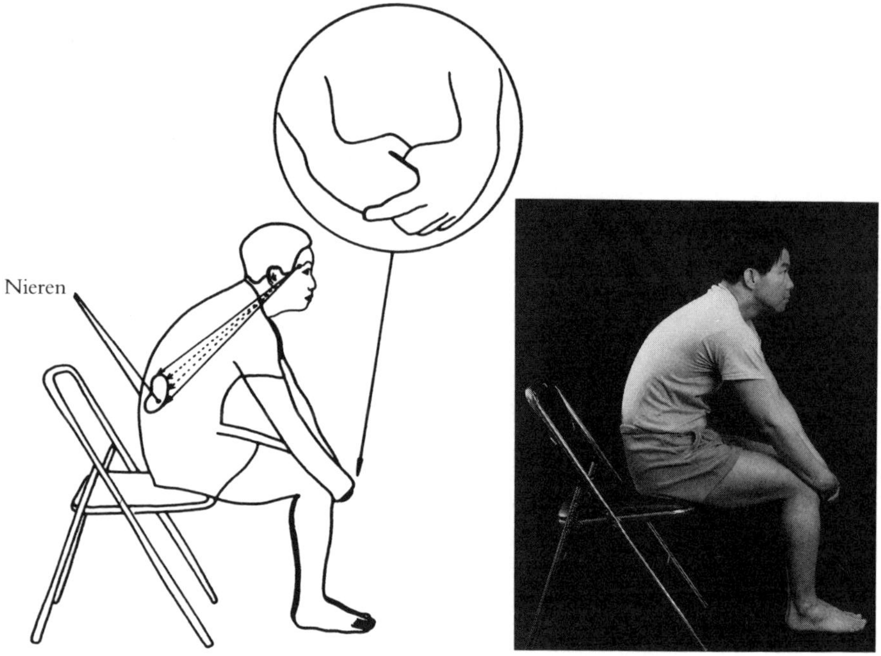

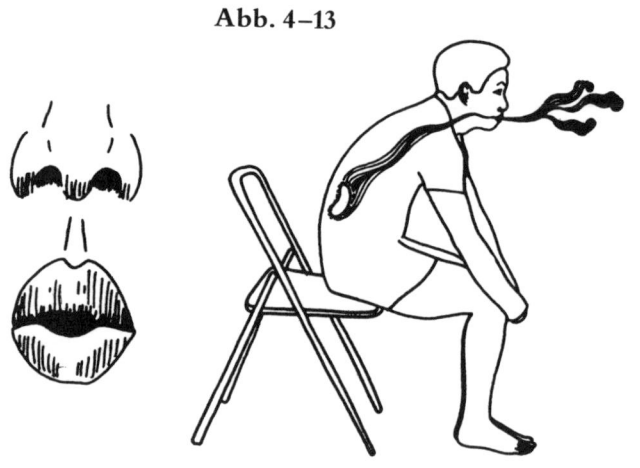

Nieren

Umklammern Sie die Knie mit den Händen

Abb. 4–13

Runden Sie die Lippen und blasen Sie eine Kerze aus

Abb. 4–14

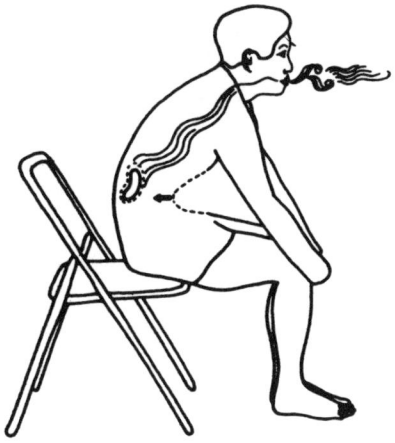

Drücken Sie den mittleren Unterleib gegen die Nieren

Abb. 4–15

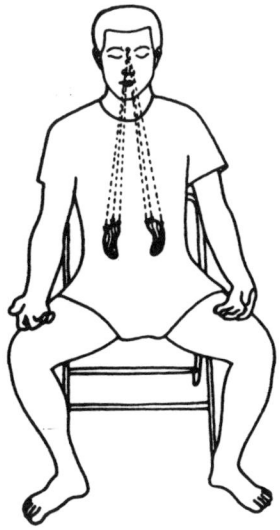

Schließen Sie die Augen und lächeln Sie in die Nieren

Ruhepause: Nach dem vollständigen Ausatmen setzen Sie sich wieder aufrecht, atmen langsam in die Nieren ein und stellen sich dabei vor, wie ein helles blaues Licht und Sanftheit die Nieren erfüllen. Stellen Sie die Beine wieder auseinander und legen Sie die Handrücken auf die Oberschenkel. Schließen Sie die Augen und atmen Sie normal. Lächeln Sie in die Nieren und stellen Sie sich vor, Sie würden noch immer den Laut ausführen. Achten Sie auf Ihre Empfindungen und spüren Sie den Energieaustausch um die Nieren herum und in Händen, Kopf und Beinen (Abb. 4–15).

Wiederholung: Nachdem sich Ihr Atem beruhigt hat, wiederholen Sie die Übung drei- bis sechsmal.

Bei Rückenschmerzen, Müdigkeit, Schwindel, Ohrensausen oder zur Entgiftung der Nieren wiederholen Sie den Laut 9- bis 36mal.

3. Leber

Hauptorgan	Leber
Nebenorgan	Gallenblase
Element	Holz
Jahreszeit/Wetter	Frühling/Wind
Negative Emotionen	Ärger, Wut, Aggressivität
Positive Emotionen	Freundlichkeit, Tatkraft, Phantasie, Offenheit
Laut	SCHHH
Körperteile	Innenseite der Beine, Leisten, Zwerchfell, Rippen
Sinne	Gesichtssinn – Augen
Geschmack	sauer
Farbe	grün

Übung

Vorbereitung: Spüren Sie die Leber und die Verbindung von Leber und Augen.

Abb. 4–16

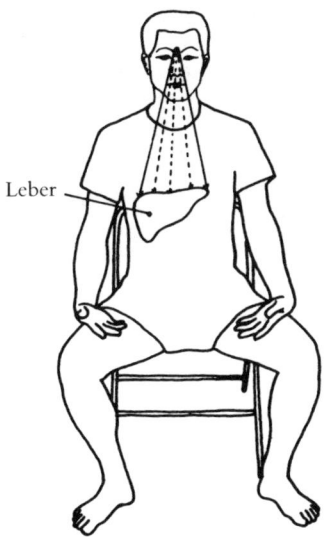

Leber

Spüren Sie die Leber

Bewegungsablauf: Strecken Sie die Arme zur Seite, mit den Handflächen nach oben, atmen Sie tief ein und bringen Sie die Hände langsam nach oben über den Kopf. Folgen Sie mit den Augen (Abb. 4–17).
Verschränken Sie die Finger und drehen Sie die Handflächen nach oben. Drücken Sie die Handwurzeln heraus und spüren Sie die Streckung durch die Arme bis in die Schultern. Dabei strecken Sie den rechten Arm etwas mehr, um einen sanften Zug auf die Leber auszuüben (Ab. 4–18/4–19).
Laut: Atmen Sie ohne Stimmeinsatz auf den Laut SCHHHH aus. Stellen Sie sich die Hülle um die Leber vor und spüren Sie, wie überschüssige Hitze und Ärger herausgedrückt werden (Abb. 4–20/4–21/4–22).

Abb. 4–17

Führen Sie die Arme langsam über den Kopf

Abb. 4–18

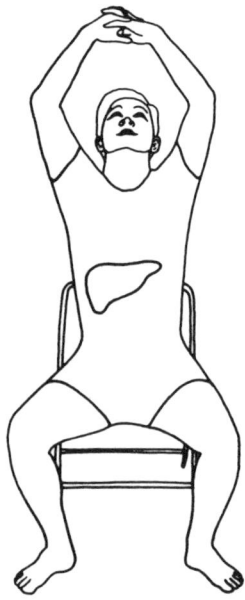

Verschränken Sie die Finger und drehen Sie die Hände nach oben

Abb. 4–19 **Abb. 4–20**

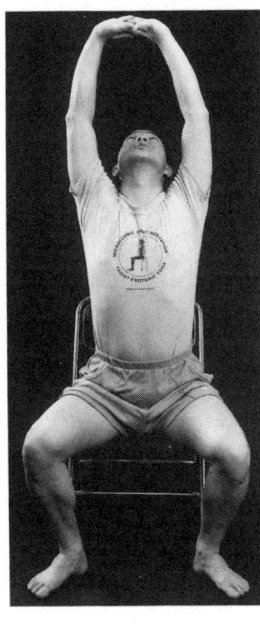 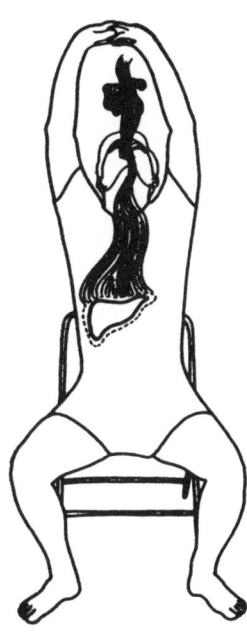

Strecken Sie den rechten Arm etwas mehr   Drücken Sie die Handwurzeln nach außen

Abb. 4–21

Atmen Sie auf SCHHHH aus

Abb. 4–22

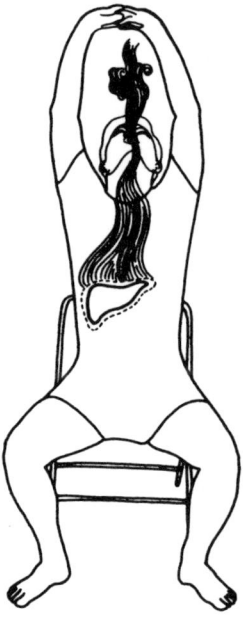

Spüren Sie, wie die Hülle um die Leber zusammengepreßt wird

Ruhephase: Nachdem Sie vollständig ausgeatmet haben, lösen Sie die Finger und führen Sie die Arme mit herausgedrückten Handwurzeln auf den Seiten nach unten, indem Sie die Schultern sanft senken. Atmen Sie dabei langsam in die Leber und stellen Sie sich vor, wie ein grünes Licht und Freundlichkeit die Leber erfüllen. Zuletzt legen Sie die Handrücken auf die Oberschenkel und ruhen (Abb. 4–23).
Schließen Sie die Augen, atmen Sie normal, lächeln Sie in die Leber und stellen Sie sich vor, daß Sie immer noch den Laut ausführen. Achten Sie auf die Empfindungen und den Energieaustausch (Abb. 4–24).
Wiederholung: Wiederholen Sie die Übung drei- bis sechsmal. Bei Zorn, wässerigen oder geröteten Augen, saurem oder bitterem Geschmack und zur Entgiftung der Leber wiederholen Sie den Laut 9- bis 36mal.

Abb. 4-23

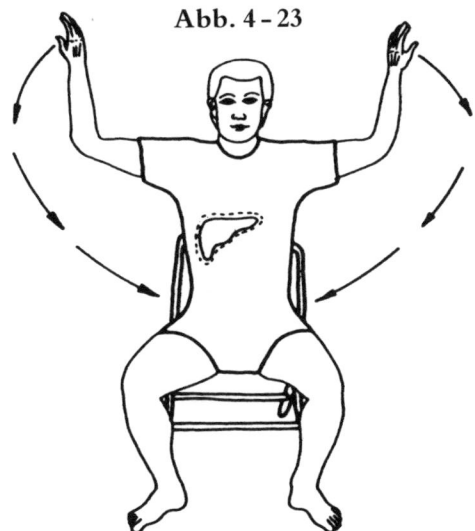

Führen Sie die Arme herab

Abb. 4-24

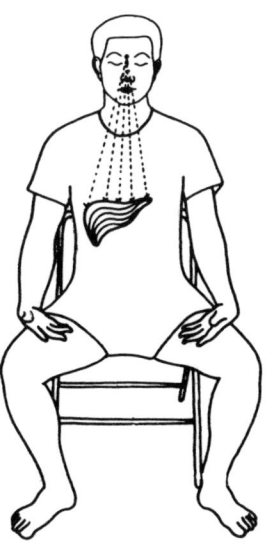

Schließen Sie die Augen und lächeln Sie in die Leber

Bei den Taoisten heißt es über die Beherrschung von Wut und Ärger: Wenn Sie den Leber-Laut 30mal wiederholt haben und dann immer noch wütend auf jemanden sind, dürfen Sie dem Betreffenden eine Ohrfeige geben.

4. Herz

Hauptorgan	Herz
Nebenorgan	Dünndarm
Element	Feuer
Jahreszeit/Wetter	Sommer/Hitze
Negative Emotionen	Ungeduld, Arroganz, Hektik, Launenhaftigkeit, Grausamkeit, Gewalt
Positive Emotionen	Freude, Liebe, Glück, Ehre, Respekt, Aufrichtigkeit, Kreativität, Enthusiasmus, Temperament, Ausstrahlung
Laut	HHAAA
Körperteile	Armhöhlen, Innenseite der Arme
Sinne	Zunge – Rede
Geschmack	bitter
Farbe	rot

Das Herz arbeitet unaufhörlich: es schlägt etwa 72mal pro Minute, 4320mal pro Stunde und 102 680mal pro Tag. Das erzeugt natürlich Hitze, die vom Herzbeutel, dem Perikardium, verteilt wird. Nach Ansicht der Taoisten ist das Perikardium so wichtig, daß es als besonderes Organ betrachtet wird.

Übung

Vorbereitung: Spüren Sie das Herz, die Zunge und ihre Verbindung.

Abb. 4–25

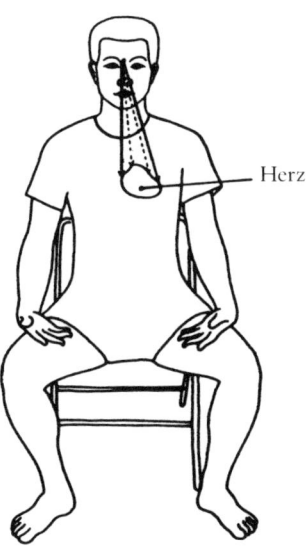

Spüren Sie das Herz

Bewegungsablauf: Atmen Sie tief ein und führen Sie die Bewegungen so aus wie beim Leber-Laut, wobei Sie aber am Ende den linken Arm etwas mehr strecken (Abb. 4–26).

Laut: Öffnen Sie den Mund, runden Sie die Lippen und atmen Sie auf den Laut HHAAA ohne Stimmeinsatz aus. Dabei stellen Sie sich vor, daß der Herzbeutel Hitze, Ungeduld, Hektik und Arroganz abgibt (Abb. 4–27/4–28/4–29).

Abb. 4–26

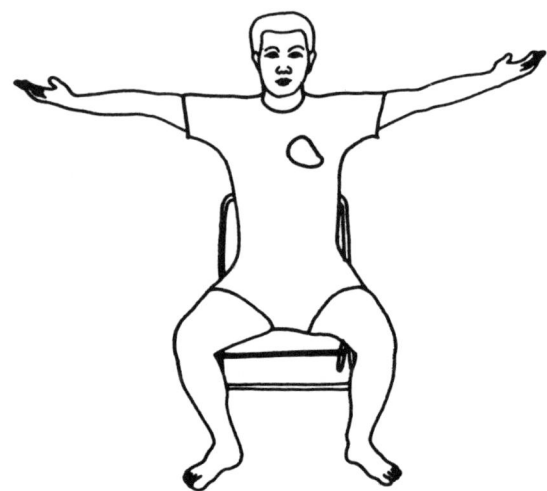

Bewegungsablauf wie beim Leber-Laut

Abb. 4–27   **Abb. 4–28**

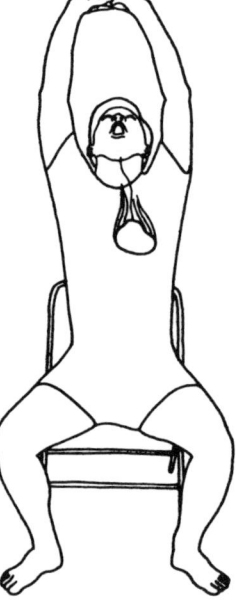 

Geöffneter Mund, gerundete Lippen

Drücken Sie die
Handrücken heraus

Abb. 4–29

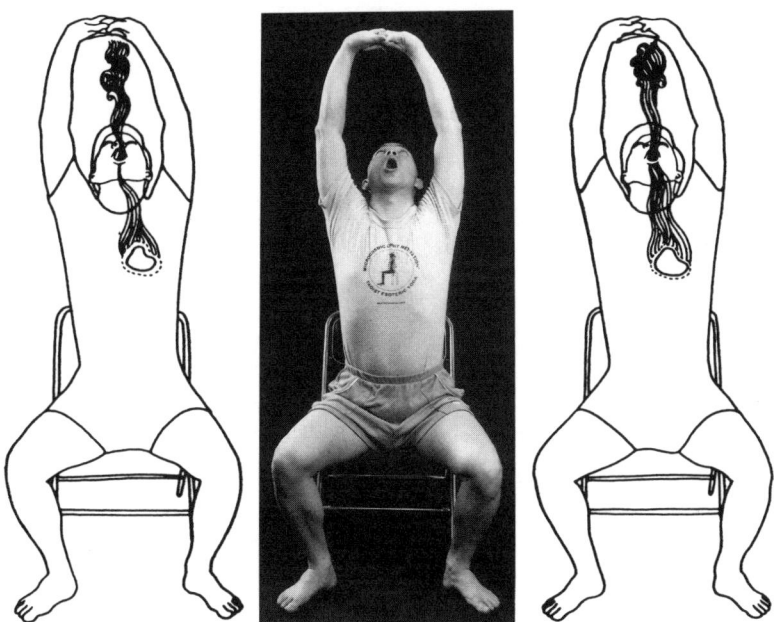

Öffnen Sie den Mund, runden Sie die Lippen und atmen Sie auf den Laut HHAAA aus

Ruhephase: Befolgen Sie die Anweisungen für den Leber-Laut, doch richten Sie Ihre Aufmerksamkeit dabei auf das Herz und stellen sich vor, wie eine leuchtendrote Farbe und Freude, Ehrgefühl, Aufrichtigkeit und Kreativität ins Herz einströmen (Abb. 4–30).

Wiederholung: Wiederholen Sie alles drei- bis sechsmal. Bei Halsschmerzen, Entzündungen, Schwellungen des Zahnfleisches oder der Zunge, Herzkrankheiten oder -schmerzen, Nervosität, Sprunghaftigkeit, übler Laune und zur Entgiftung des Herzens können Sie den Herz-Laut 9- bis 36mal wiederholen.

Abb. 4–30

Schließen Sie die Augen und lächeln Sie ins Herz

5. Milz

Hauptorgan	Milz
Nebenorgane	Bauchspeicheldrüse, Magen
Element	Erde
Jahreszeit/Wetter	Spätsommer/Feuchte
Negative Emotionen	Sorgen, Grübeln, Sentimentalität
Positive Emotionen	Offenheit, Mitgefühl, Zentriert-Sein, Musikalität, Ausgeglichenheit
Laut	HHUUU
Körperteile	Innenseite der Beine, Leisten, Rippen
Sinne	Mund – Geschmack
Geschmack	neutral, süß
Farbe	gelb

Übung

Vorbereitung: Spüren Sie die Milz, den Mund und deren Verbindung.

Abb. 4–31

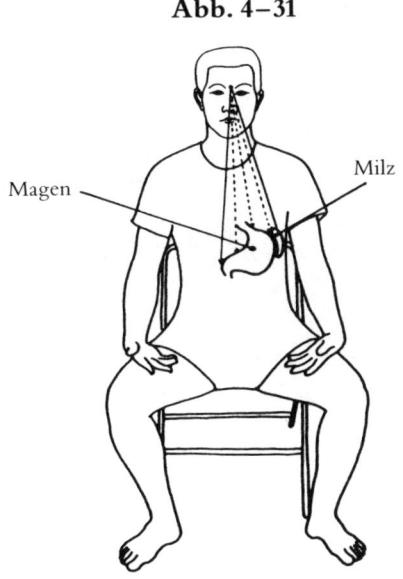

Spüren Sie die Milz

Bewegungsablauf: Atmen Sie tief ein und legen Sie die Fingerspitzen auf den Magen, die Zeigefinger unterhalb des Brustbeins etwas zur linken Seite hin (Abb. 4–32).

Laut: Pressen Sie mit den Fingern auf den Magen, drücken Sie dabei den mittleren Rücken heraus, und atmen Sie dabei ohne Stimmeinsatz auf den Milz-Laut HHUUU aus, den Sie in den Stimmbändern spüren.

Vertreiben Sie überschüssige Hitze, Nässe und Feuchte, Sorgen und Wehleidigkeit aus der Faszie um die Milz (Abb. 4–33/4–34/4–35/4–36).

Abb. 4-32

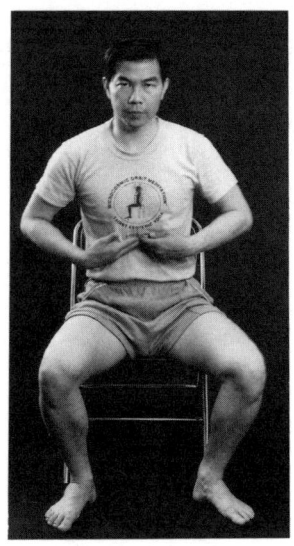

Atmen Sie tief ein

Abb. 4-33

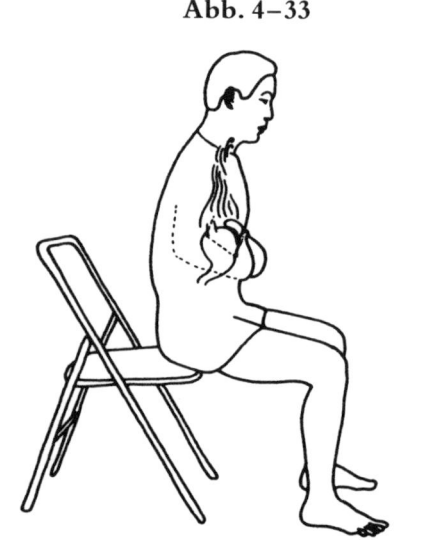

Legen Sie die Fingerspitzen auf den Magen

Abb. 4-34

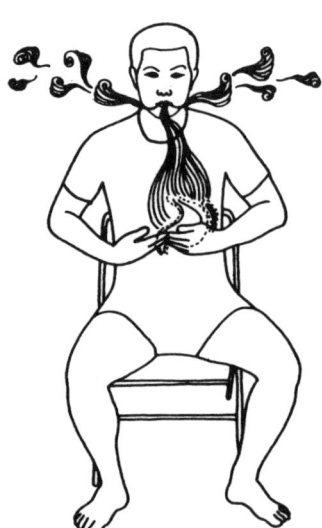

Pressen Sie mit den Fingern in den Mage

Abb. 4–35

Atmen Sie auf HHUUU aus

Abb. 4–36

Spüren Sie den Laut in den Stimmbändern

Abb. 4–37

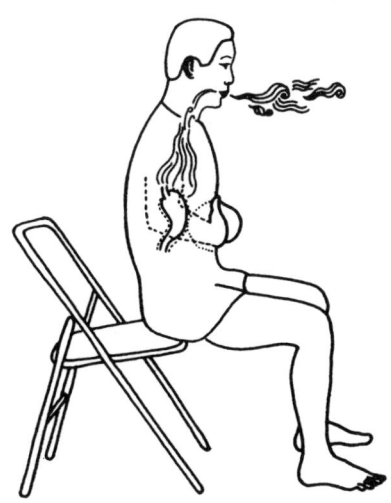

Atmen Sie in Milz, Bauchspeicheldrüse und Magen

Ruhephase: Atmen Sie in Milz, Bauchspeicheldrüse und Magen und stellen Sie sich vor, wie ein helles gelbes Licht und Ausgeglichenheit und Mitgefühl in diese Organe einströmen (Abb. 4–37). Legen Sie die Handrücken wieder auf die Oberschenkel, schließen Sie die Augen, atmen Sie normal und stellen sich vor, der Laut würde weiterschwingen. Achten Sie auf Ihre Empfindungen und den Energieaustausch (Abb. 4–38).

Abb. 4–38

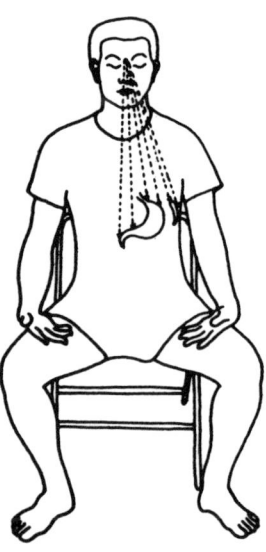

Schließen Sie die Augen und lächeln Sie in Milz, Bauchspeicheldrüse und Magen

Wiederholung: Wiederholen Sie die Übung drei- bis sechsmal. Bei Verdauungsstörungen, Übelkeit und Durchfall können Sie den Laut 9- bis 36mal wiederholen. In Verbindung mit den anderen Lauten ist der Milz-Laut wirksamer und gesünder als der Gebrauch von Tabletten gegen Magenbeschwerden. Er ist der einzige Laut, der unmittelbar nach dem Essen geübt werden kann.

6. Drei-Erwärmer

Der Begriff Drei-Erwärmer bezieht sich auf die drei Energiezonen des Körpers. Die obere Zone, die Gehirn, Herz und Lungen umfaßt, ist heiß. Die mittlere Zone, bestehend aus Leber, Nieren, Magen, Bauchspeicheldrüse und Milz, ist warm. Die untere Zone, in der sich Dünndarm, Dickdarm, Blase und Sexualorgane befinden, ist kalt. Der Drei-Erwärmer-Laut sorgt für Temperaturausgleich in diesen drei Zonen, indem er durch den Verdauungskanal heiße Energie nach unten und kalte Energie nach oben befördert. Dies verhilft zu einem gesunden, erquickenden Schlaf. Durch die Übung dieses Lautes gelang es einigen Schülern, ihre langjährige Abhängigkeit von Schlaftabletten loszuwerden. Gegen Streß ist dieser Laut ebenfalls sehr wirksam. Mit dem Drei-Erwärmer ist keine Jahreszeit, keine Farbe und keine Emotion assoziiert.

Übung

Vorbereitung: Legen Sie sich auf den Rücken, die Arme auf beiden Seiten mit den Handflächen nach oben. Bei Schmerzen im unteren Rücken können Sie ein Kissen unter die Knie legen.
Bewegungsablauf: Mit geschlossenen Augen atmen Sie nacheinander tief in die drei Körperzonen ein – Brust, Solarplexus und Unterleib (Abb. 4–39).

Abb. 4–39

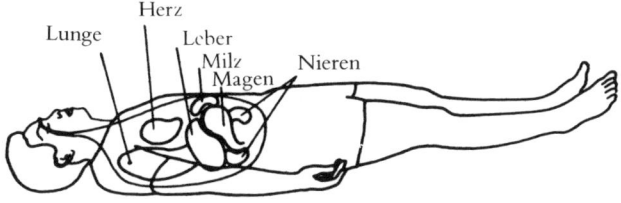

Legen Sie sich auf den Rücken, schließen Sie die Augen, atmen Sie tief ein

Laut: Atmen Sie leise auf HHIII aus und stellen Sie sich vor, daß eine große Walze die Luft von oben nach unten aus Ihnen herauspreßt. Dabei werden Brust, Bauch und Unterleib flach wie ein Blatt Papier und fühlen sich leicht, hell und leer an (Abb. 4–40).

Abb. 4–40

Atmen Sie leise auf HHIII aus

Ruhephase: Atmen Sie normal, richten Sie Ihre Aufmerksamkeit auf den Verdauungstrakt, spüren Sie den Energieaustausch und ruhen Sie (Abb. 4–41).

Wiederholung: Wiederholen Sie drei- bis sechsmal und öfter bei Schlafstörungen und Streß. Den Drei-Erwärmer-Laut können Sie auch zur Entspannung üben, ohne daß Sie dabei einschlafen; legen Sie sich dazu auf die Seite oder setzen Sie sich auf einen Stuhl.

Abb. 4–41

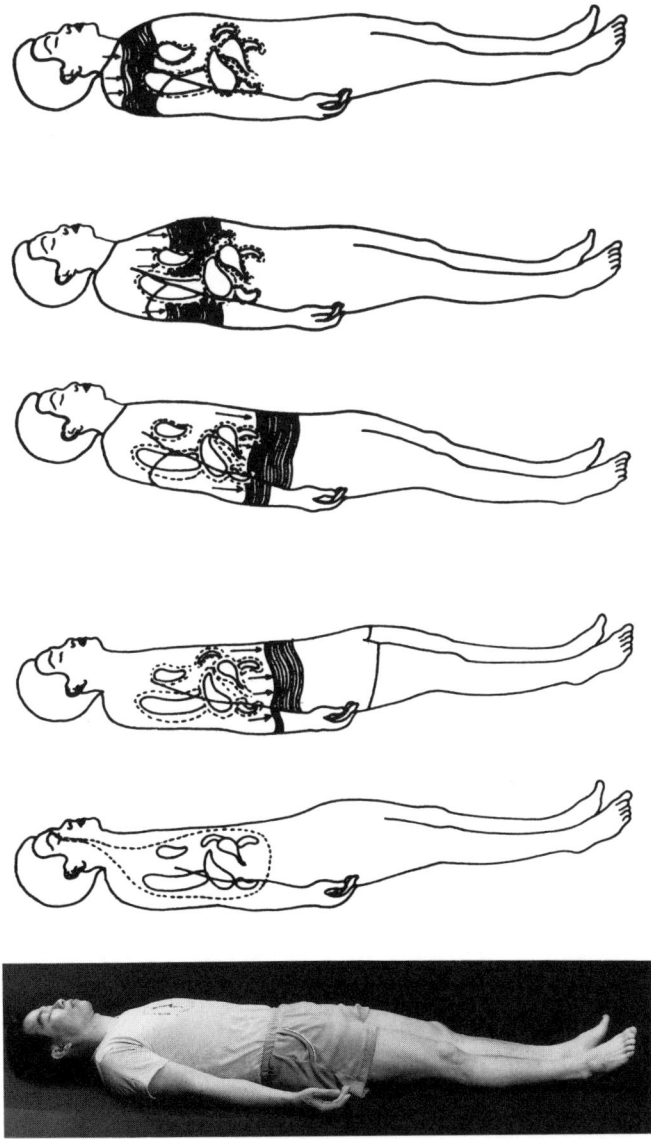

Atmen Sie von oben nach unten aus. Zuletzt ruhen Sie und atmen normal

F. Anwendung im Alltag

1. Üben Sie täglich

Die Sechs Heilenden Laute können Sie zu jeder Tageszeit üben. Vor dem Schlafengehen ist diese Übung besonders empfehlenswert, weil sie zu tiefem, entspanntem Schlaf verhilft. Sobald Sie den Ablauf beherrschen, dauert das Ganze nur 10–15 Minuten.

2. Hitze-Abgabe

Üben Sie die Sechs Heilenden Laute unmittelbar nach heftiger Bewegung (wie Aerobic, Jogging oder Kampfsport) oder nach Yoga- oder Meditationstechniken, die im oberen Erwärmer (Gehirn und Herz) Hitze erzeugen. So können Sie die ansonsten bestehende Gefahr der Überhitzung in diesen Organen vermeiden. Nach solchen heftigen Übungen sollten Sie nicht gleich (kalt) duschen, denn das wirkt wie eine Art Schock auf die Organe.

3. Richtige Reihenfolge (Abb. 4–42)

Üben Sie stets in der richtigen Reihenfolge: Lungen (Herbst) – Nieren (Winter) – Leber (Frühling) – Herz (Sommer) – Milz (Spätsommer) – Drei-Erwärmer. Bei besonderen Symptomen in einem bestimmten Organ können Sie den betreffenden Laut mehrmals üben, ohne daß Sie die ganze Sequenz einzuhalten haben.

Abb. 4–42

Vorbereitung

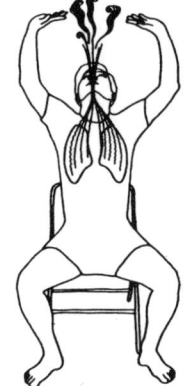

1. Lunge

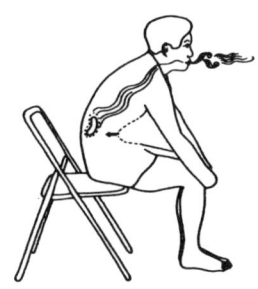

2. Nieren

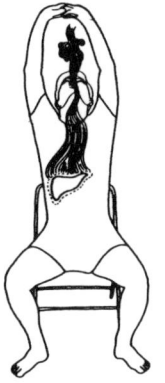

3. Leber

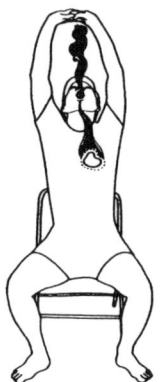

4. Herz

5. Milz

6. Drei Erwärmer

Übersicht der Sechs Laute

4. Jahreszeiten, Organe und Laute

In seiner dominierenden Jahreszeit arbeitet ein bestimmtes Organ mehr und setzt so mehr Hitze frei. Daher können Sie den Laut in seiner Jahreszeit öfter wiederholen: zum Beispiel im Frühling den Leber-Laut sechs- bis neunmal, während bei den anderen Lauten drei- bis sechsmal reichen.

Bei Zeitmangel oder großer Müdigkeit können Sie sich auf den Lungen- und den Nieren-Laut beschränken.

5. Spüren Sie die Organe in der Ruhephase

Die Ruhephase zwischen den einzelnen Lauten ist sehr wichtig, denn während dieser Zeit treten Sie mit Ihren Organen in Verbindung und lernen sie besser zu spüren. In der Phase der Ruhe und des Lächelns können Sie häufig den Energieaustausch in einem bestimmten Organ, den Händen und Füßen oder auch den Energiefluß im Kopf spüren. Sie können die Ruhephasen so lange ausdehnen, wie Sie wollen.

2. Teil

Chi-Selbstmassage – eine taoistische Verjüngungsmethode

5. Kapitel

Theorie und Praxis der taoistischen Selbstmassage

Von alters her haben sich die taoistischen Meister durch ihre außergewöhnlich jugendliche Erscheinung ausgezeichnet; auf Außenstehende wirkten sie oft um zwanzig Jahre jünger, als sie tatsächlich waren. Die tägliche Übung taoistischer Selbstmassage zur Verjüngung bildete eine der Grundlagen für ihre Vitalität. Dabei machten sie sich den heilenden Einfluß des Chi, der inneren Energie, zunutze, um Sinne und Organe zu stärken und zu regenerieren. Die seit 5000 Jahren geübten Techniken wurden bis heute geheimgehalten und von den Meistern ausschließlich an ausgewählte Schüler weitergegeben. Gleichwohl kannten auch unter den Meistern nur wenige die Gesamtheit der überlieferten Techniken und Methoden. Nachdem ich bei mehreren taoistischen Meistern verschiedene Methoden gelernt habe, ist es mir gelungen, aus der Gesamtheit der Übungen ein in sich geschlossenes Programm zu erstellen. Wer sich täglich fünf bis zehn Minuten Zeit nimmt, kann viel für seine Gesundheit tun; z. B. für Sehkraft, Gehör, Aussehen, für den Zustand von Nebenhöhlen, Zahnfleisch, Zähnen und Zunge sowie für Ausdauer und Widerstandskraft.

A. Die Abwehr negativer Emotionen mit Hilfe gesunder und gestärkter Sinneswerkzeuge

Die taoistische Selbstmassage befreit die Energieleitbahnen (oder Meridiane) der verschiedenen Sinne und Körperorgane von Blockaden. Zu dieser Befreiung gelangt man mit Hilfe einer außergewöhnlichen, von taoistischen Meistern weiterentwickelten Technik, die darin besteht, die innere Energie Chi von den Sexualorganen und dem After ins Gesicht, in die Hände und die Sinneswerkzeuge zu leiten und von dort in den jeweiligen Körperteil weiterzuschicken. Die Sinne stehen mit den Organen in direkter Verbindung; und die Organe beherbergen und erzeugen nach taoistischer Ansicht positive und negative Emotionen. Bekanntlich werden die Sinne als erste mit externen Einflüssen wie Streß, Wut und Furcht konfrontiert; und diese negativen Faktoren wirken anschließend auf die Organe und das Nervensystem ein. Die Stärkung der Sinne trägt also entscheidend dazu bei, das Übermaß und den negativen Einfluß externer Faktoren zu verringern und negative Stimmungslagen wirkungsvoll in den Griff zu bekommen.

B. Der positive Einfluß gesunder Organe auf die Persönlichkeit

In den zehn Jahren, in denen ich diese einfachen Massageübungen gelehrt habe, konnte ich immer wieder feststellen, wie Kursteilnehmer von der taoistischen Selbstmassage profitierten, um ihr Gefühlsleben, ihre persönlichen Beziehungen und sozialen Kontakte zu verbessern.

Ein Schüler litt z. B. unter Angstzuständen, die schnell Wutanfälle verursachten und oft zu Depressionen, Reizbarkeit und Magenschmerzen führten. Eine Person mit dieser Veranlagung verhält sich gegenüber anderen wenig umgänglich oder freundlich, geschweige denn besonders mitteilsam. Nachdem dieser Kursteilnehmer einige Wochen das Innere Lächeln und den Leber-Laut geübt sowie Leber und Magen massiert hatte, verbesserte sich sein Zustand, die Depressionen nahmen ab und er wirkte freundlicher. Heute berichtet er, daß sein Familienleben, vor allem das Verhältnis zu den Kindern, seit Übungsbeginn entschieden besser geworden ist. Er ist nicht länger vom Alkohol abhängig, um Ängste zu unterdrücken und die beruflichen Belastungen zu vergessen, die ihm früher so zugesetzt hatten. Seinem Arbeitgeber und seinen Mitarbeitern ist die Veränderung ebenfalls aufgefallen, und er hat auch Kollegen in unsere Kurse geschickt.

Eine meiner Sekretärinnen finanzierte einem Mitarbeiter einen Kurs bei uns, damit er besser mit den beruflichen Belastungen fertig würde. Später erzählte sie, daß sie ihr Geld noch nie so klug angelegt hätte; denn es dauerte nicht lange und sie hatte nicht mehr unter der Unzufriedenheit und den Launen des Kollegen zu leiden.

6. KAPITEL

Die Bedeutung des Afters für die Organ-Energie

Bei der taoistischen Selbstmassage kommt es auf den ungehinderten Fluß des Chi an. Wenn Chi nicht in die Körperteile gelangt, die gerade massiert werden, bleibt die Massage nur oberflächlich und relativ wirkungslos. Das Innere Lächeln und der Kleine Kreislauf sind die wirkungsvollsten Mittel, um die Lebenskraft in den Sinneswerkzeugen und in den Organen zu vermehren.

A. Das Perineum als Kraftquelle

Der Bereich des Perineums (chin. hui-yin) schließt After und Sexualorgane ein. Der After selbst wird in verschiedene Bereiche eingeteilt, die eng mit den darüberliegenden Körperpartien verbunden sind. Der chinesische Begriff hui-yin bezeichnet den Sammelpunkt aller yin-Energien, den tiefsten Energie-Sammelpunkt im Unterleib. Die alten Chinesen nannten diesen Punkt, der zwischen den beiden Haupttüren liegt, auch «Tor von Leben und Tod». Die Sexualorgane werden als Vordertür, als große Öffnung der Lebenskraft, betrachtet. Hier kommt es leicht zu Chi-Verlusten und als Folge zur Erschöpfung der Organe. Als zweite Tür oder Hintertür gilt der After; auch an dieser Stelle treten Energieverluste auf, wenn die Öffnung nicht fest verschlossen gehalten wird.

Das Hauptziel der taoistischen Übungen, insbesondere bei dem «Tao Yoga der Liebe», der «Heilenden weiblichen Liebe» und dem «Eisenhemd-Chi Kung» besteht darin, das Perineum zu stärken und zu entwickeln, um die Muskeln dieser Region kontrahieren, die Türen verschließen und die Lebenskraft in der Wirbelsäule aufwärts leiten zu können. Wird das nicht erreicht, fließen Chi und Sexualenergie nutzlos ab und können nicht mehr in den

Energiekreislauf zurückkehren, weshalb die Taoisten vom «Fluß ohne Wiederkehr» sprechen.

B. Die fünf Bereiche des Afters

Der After wird in fünf Bereiche abgegrenzt:
(A) Mitte, (B) vorderer, (C) hinterer, (D) linker und (E) rechter Bereich.

Abb. 6–1

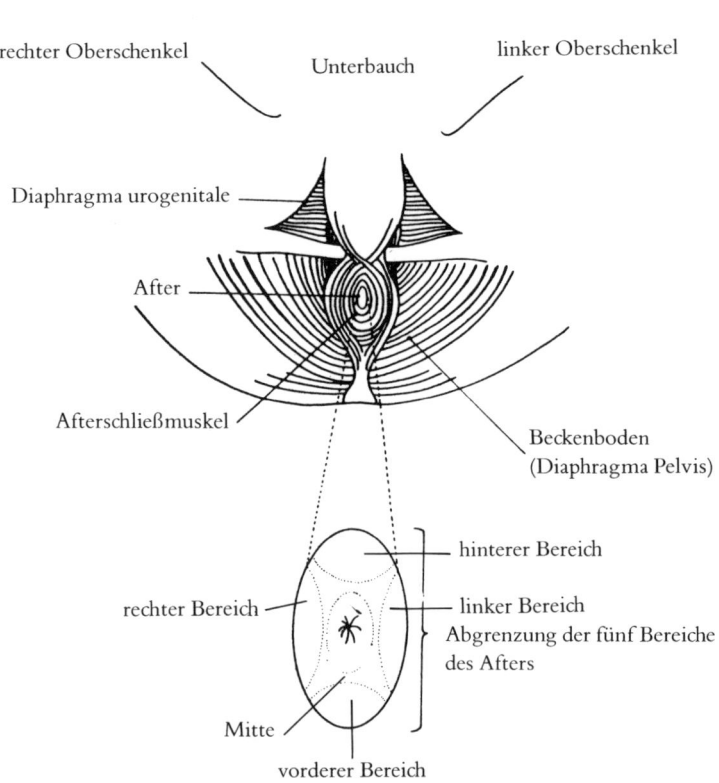

Die fünf Bereiche des Afters

1. Die Mitte

Chi aus der Aftermitte steht mit folgenden Organen in Verbindung: Scheide und Gebärmutter, große Körperschlagader und Hohlvene, Magen, Herz, Schilddrüse und Nebenschilddrüse, Hypophyse, Zirbeldrüse und Scheitel (Abb. 6–2 und 6–3).

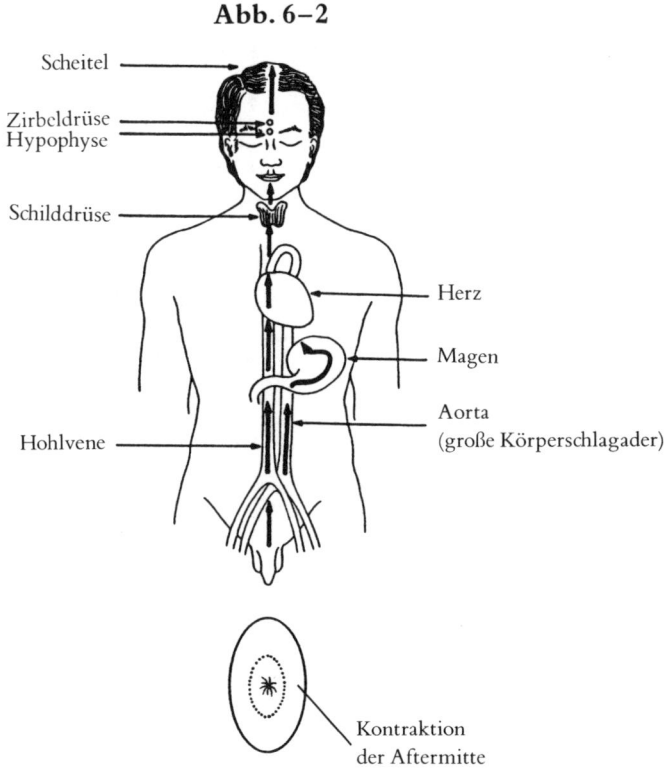

Abb. 6–2

Das Hochziehen der Energie aus der Aftermitte beim Manne

Abb. 6–3

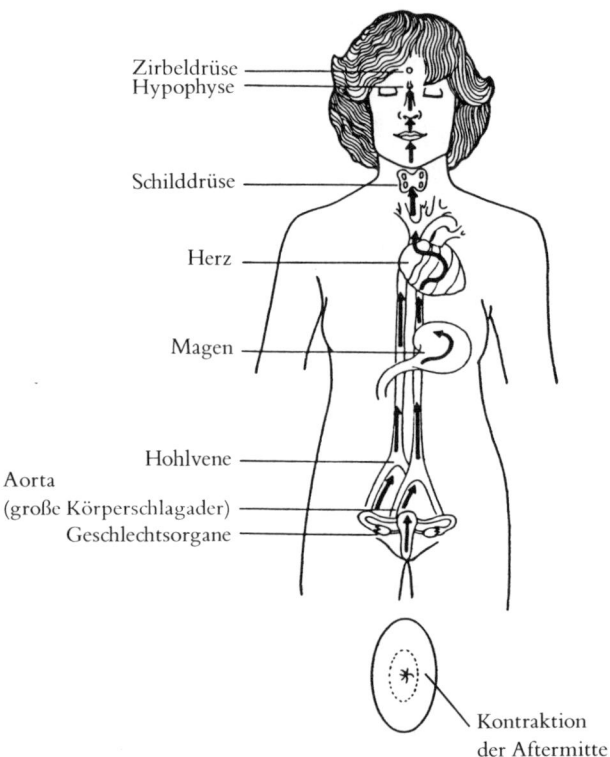

Das Hochziehen der Energie aus der Aftermitte bei der Frau

2. Vorderer Bereich

Chi aus diesem Bereich des Afters steht in Verbindung zu Prostata, Blase, Dünndarm, Thymusdrüse, Schilddrüse, Mund, Nase und vorderem Pol der Großhirnrinde (Abb. 6–4).

Abb. 6–4

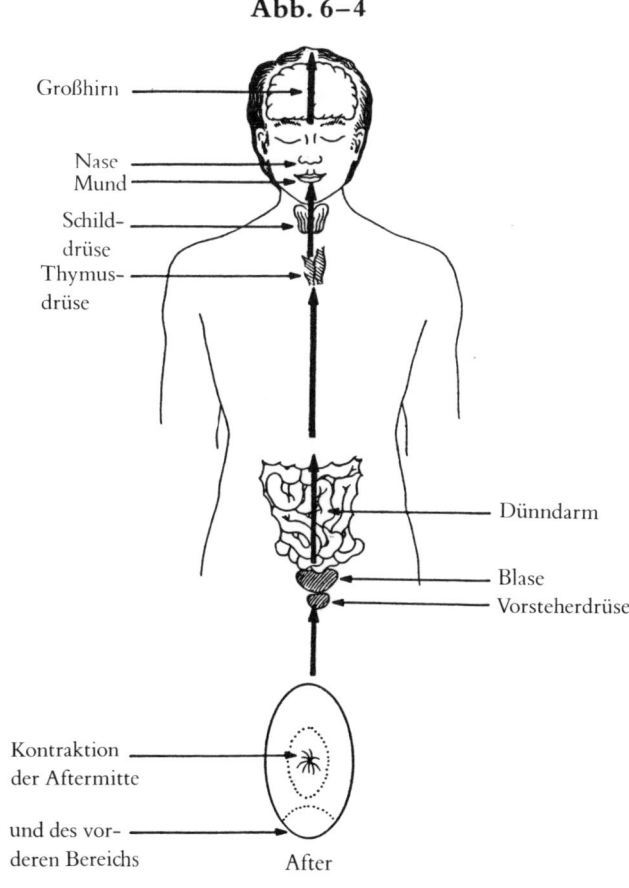

Der vordere Bereich des Afters

3. Hinterer Bereich

Chi aus dem hinteren Bereich wird folgenden Körperteilen zugeordnet: Kreuzbein, Lendenwirbeln, Brustwirbeln, Halswirbeln und Kleinhirn (Abb. 6–5).

Abb. 6–5

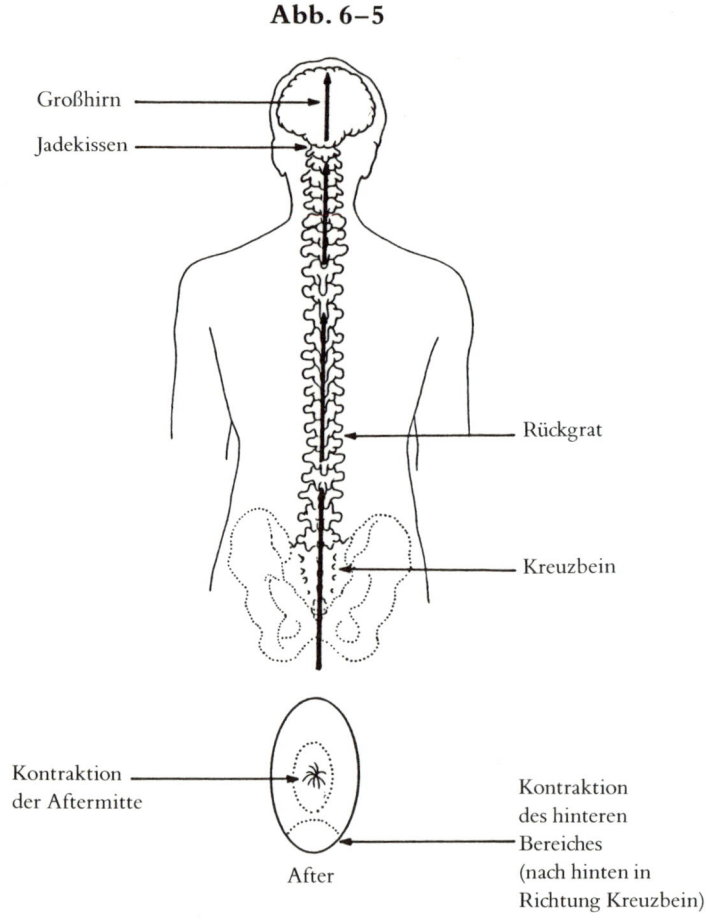

Der hintere Bereich des Afters (Rückansicht)

4. Linker Bereich

Chi aus dem linken Bereich steht in Verbindung mit linkem Eierstock, absteigendem Dickdarm, linker Niere und Nebenniere, Milz, linkem Lungenflügel, linkem Ohr, linkem Auge und linker Großhirnhemisphäre (Abb. 6–6 und 6–7).

Abb. 6–6

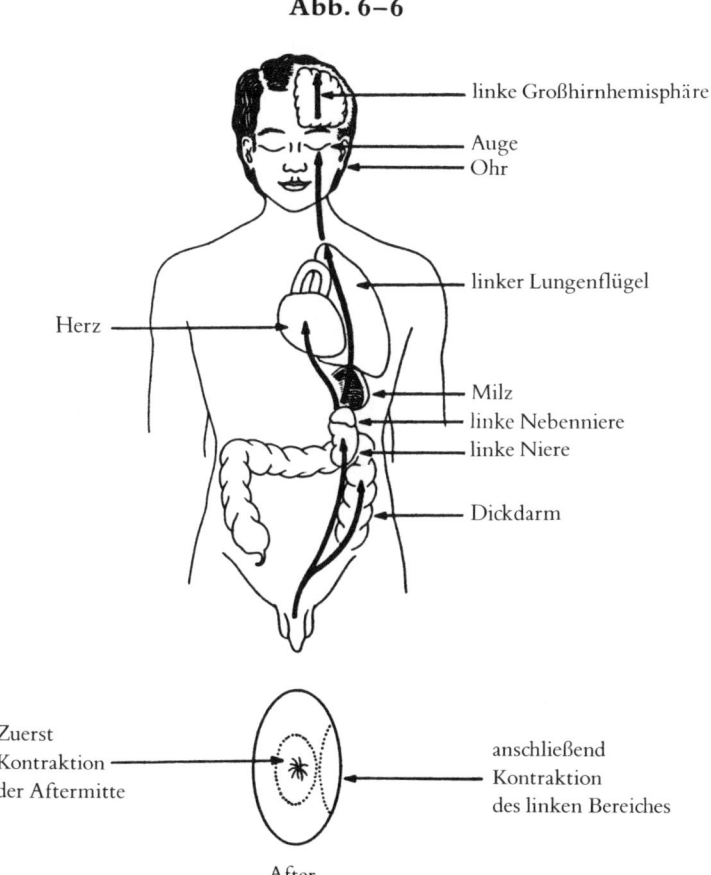

Der linke Bereich des Afters beim Manne

Abb. 6–7

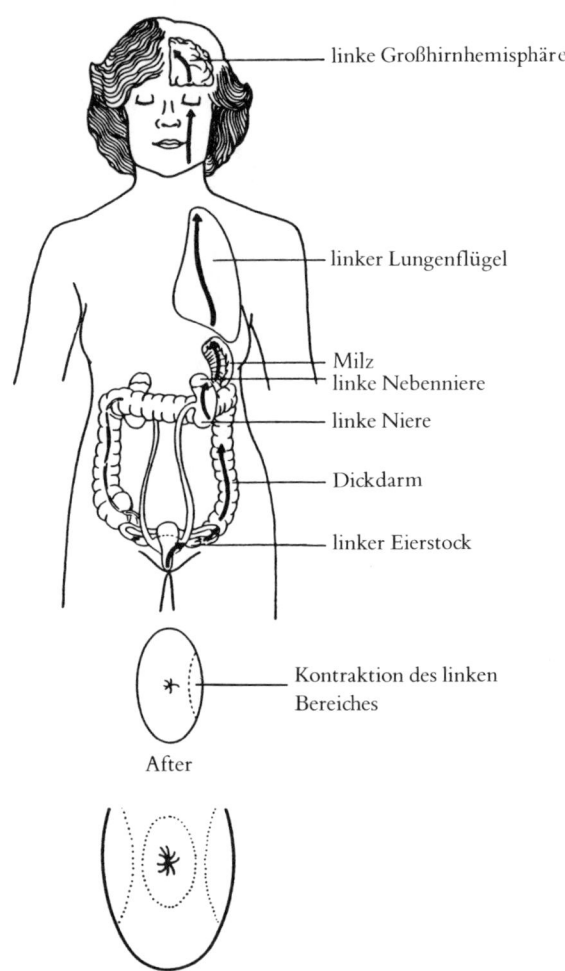

Der linke Bereich des Afters bei der Frau

5. Rechter Bereich

Chi aus dem rechten Bereich des Afters steht in Beziehung mit rechtem Eierstock, aufsteigendem Dickdarm, rechter Niere und Nebenniere, Leber, Gallenblase, rechter Lunge, rechtem Ohr, rechtem Auge und rechter Großhirnhemisphäre (Abb. 6–8 und 6–9).

Abb. 6–8

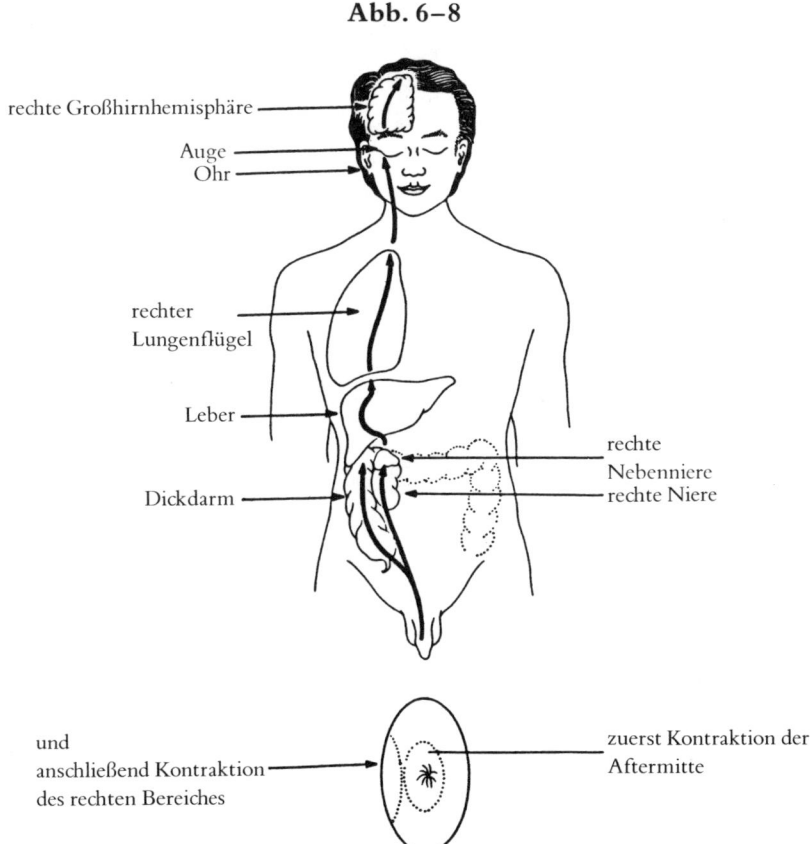

Der rechte Bereich des Afters beim Manne

Abb. 6–9

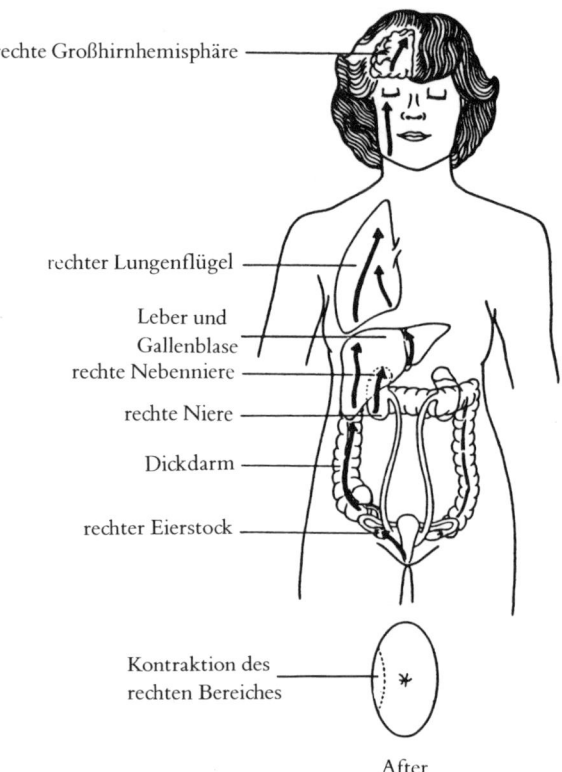

Der rechte Bereich des Afters bei der Frau

Das Zusammenziehen der verschiedenen Bereiche des Afters verstärkt den Zustrom von Chi in Organen und Drüsen und fördert so die Wirkung der Massage (Abb. 6–10).

Abb. 6–10

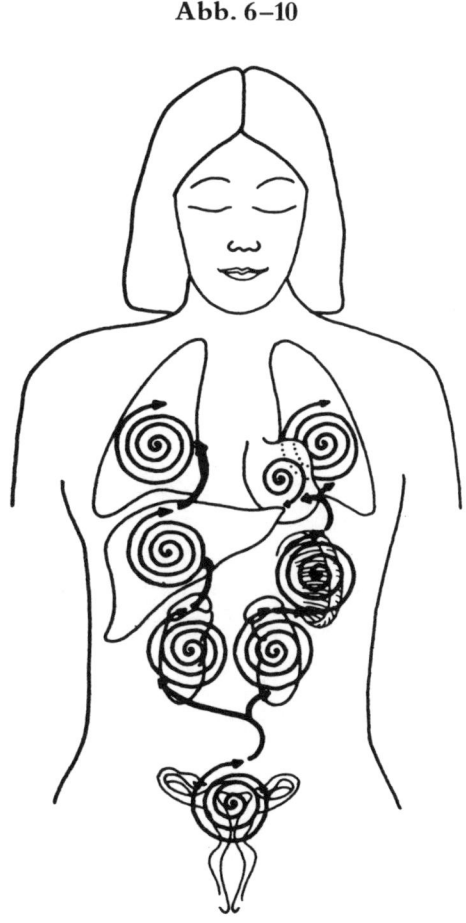

Lassen Sie die Energie um die einzelnen Organe kreisen

7. KAPITEL

Die Heilenden Hände

Der Mensch ist mit seinen großartig gebauten Händen und Fingern in der Lage, alle Arten von komplizierten Geräten zu konstruieren. Eine weitere bedeutsame Funktion der Hände besteht in der Fähigkeit zu heilen. Die Kenntnis der wichtigsten Energiepunkte von Hand und Fingern befähigen den Übenden, seine Organe anzuregen und funktionsfähig zu halten.

A. Die Handflächen

In den Handflächen fließen mehrere Ströme des Chi zusammen. Die Handflächen verwenden wir deshalb als Sammel- und Ausgangspunkt, um Chi, die Lebenskraft, zur eigenen Heilung und zur Behandlung anderer weiterzuleiten. Mit den Handflächen kann aber auch Energie empfangen werden und von dort in die Knochen und zu den wichtigsten Organen weiterfließen.

B. P 8 – «Palast der Arbeit» (chin. lao-gong)

Im Punkt lao-gong (P 8) auf dem Perikard-Meridian (Herzbeutel-Meridian) ist die Energie am stärksten konzentriert. Dies ist der geeignete Punkt, um Chi zu sammeln und starke Energieströme auszusenden (Abb. 7–1).

C. Di 4 – «Tal-Begegnung» (he-gu)

Von diesem Punkt auf dem Dickdarm-Meridian können alle

Abb. 7–1

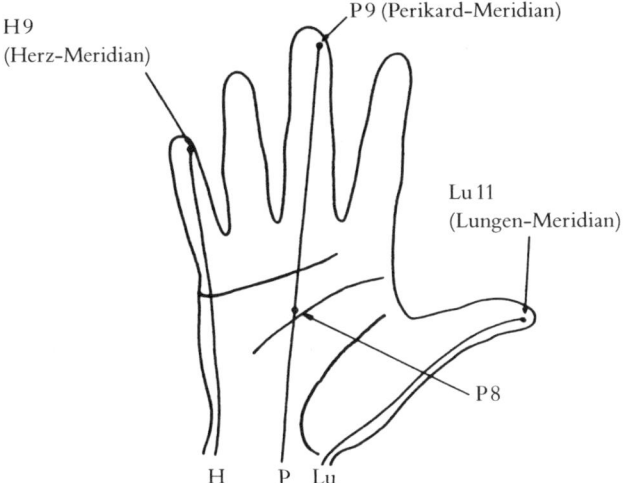

Meridiane in der Handfläche (Yin)

Abb. 7–2

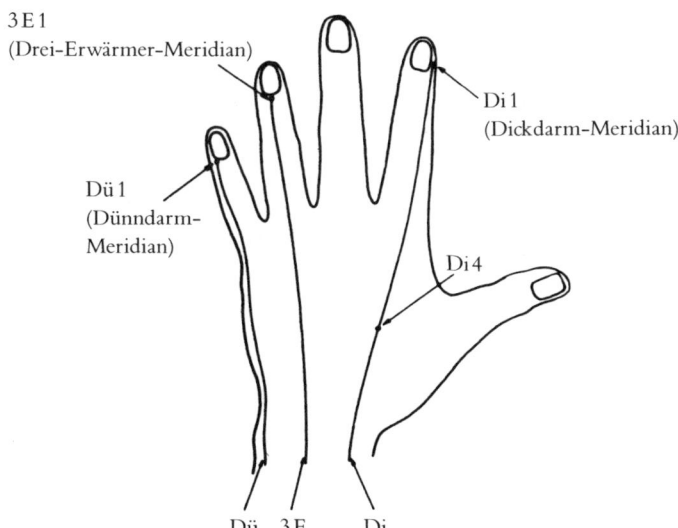

Meridiane auf dem Handrücken (Yang)

Schmerzen, die im Körper auftreten, wirksam kontrolliert werden; das betrifft besonders Schmerzen in den Sinnesorganen (Augen, Ohren, Nase) und Kopfschmerzen (Abb. 7–2).

D. Die wichtigsten Handlinien

Die drei wichtigsten Linien in der Handfläche sind Lebenslinie, Kopflinie und Herzlinie (Abb. 7–3).

Abb. 7–3

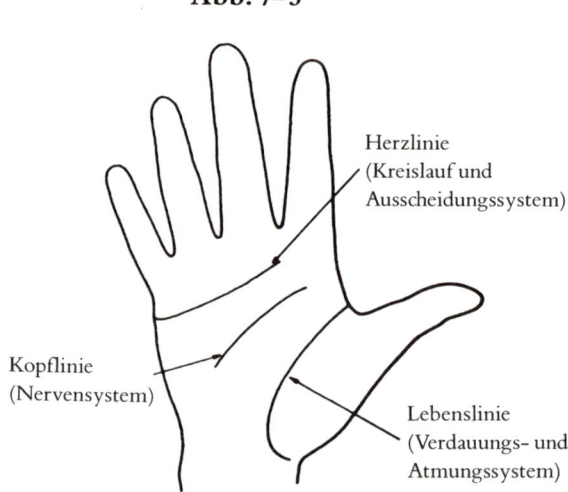

Die drei Hauptlinien in der Handfläche

E. Die Reflexzonen der Hand

Die Handfläche steht in direkter Verbindung mit den verschiedenen Organen, und die einzelnen Fingerglieder sind ebenfalls mit bestimmten Organen und diesen zugeordneten Sinnen und Gefühlen verbunden (Abb. 7–4).

Abb. 7–4

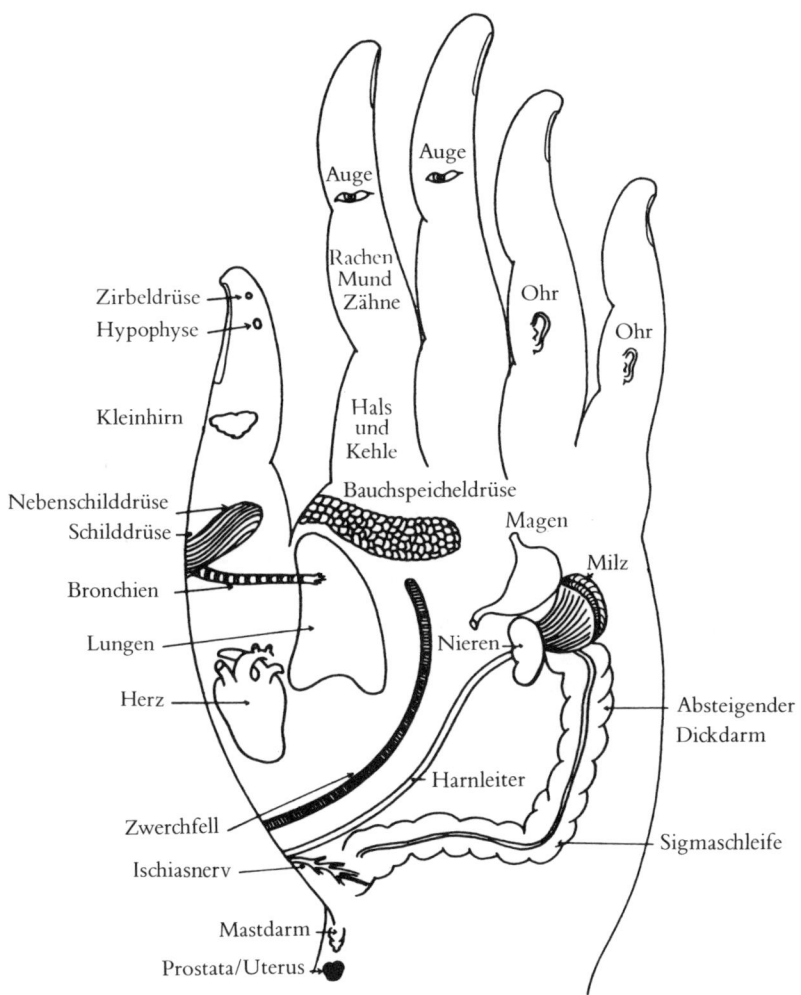

Die Reflexzonen der Hand

F. Die Stärkung von Fingern und Zehen

Die Stärkung der Finger und Zehen spielt eine besonders wichtige Rolle bei den organanregenden Übungen. In den Fingerspitzen verlaufen sehr viele feine Venen und Arterien, und dort befinden sich auch die End- bzw. Anfangspunkte von sechs Meridianen. Im Alter oder bei Bewegungsmangel kann Chi nicht mehr ungehindert fließen, und der Chi-Kreislauf gerät ins Stokken; dadurch wird auch der Blutkreislauf beeinträchtigt, und die Venen- und Arterienwände verhärten sich. Wenn wir frieren, empfinden wir die Kälte zunächst in den Händen. Zur Regeneration gefährdeter Gefäßwände und zum schnellen Aufwärmen empfiehlt es sich also, Hände und Füße intensiv zu behandeln.

G. Handmassage zur Verstärkung des Chi-Flusses

Allein die Massage der Hände reicht aus, den Chi-Fluß in den Meridianen zu verstärken und Atmung, Kreislauf und Verdauung wohltuend anzuregen.

H. Vorbereitung zur Selbstmassage

1. Beginnen Sie nicht gleich nach einer Mahlzeit, sondern warten Sie mindestens eine Stunde.
2. Massieren Sie die Hände unmittelbar nach dem Inneren Lächeln oder den Sechs Heilenden Lauten. Sie können noch bessere Resultate erzielen, wenn Sie den Kleinen Kreislauf oder die Fusion der Fünf Elemente beherrschen und auch diese Übungen mit der taoistischen Selbstmassage abschließen.
3. Setzen Sie sich bequem (siehe Kapitel 2. B) mit beiden Sitzknochen auf die Stuhlkante. Prüfen Sie, ob Sie mit den Fußsohlen fest auf dem Boden stehen. Öffnen Sie den Gürtel, nehmen Sie die Brille ab, legen Sie die Uhr beiseite und ziehen Sie die Schuhe aus.
4. Massieren Sie jeden Bereich, wenn es nicht anders angegeben

ist, sechs- bis neunmal. Bei Problemzonen müssen Sie die Zahl erhöhen.

5. Ans Bett gebundene Patienten können die Übungen im Liegen praktizieren.

I. Angewandte Handmassage

1. Einleitung der taoistischen Selbstmassage: Sammeln der Lebensenergie in den Händen

Die in diesen Abschnitten beschriebenen Grundtechniken gelten fast unverändert als Einleitung aller Übungen der taoistischen Selbstmassage. Unterschiede gibt es nur bei den jeweils zu aktivierenden Bereichen des Afters, auf die in der Folge immer deutlich hingewiesen wird.

a. Atmen Sie tief ein, kontrahieren Sie Vagina oder Hoden, Gesäßmuskeln und den in Frage kommenden Bereich des Afters (Mitte, vorderen, hinteren, rechten oder linken Bereich oder den gesamten Schließmuskel).

Generell wird der Bereich des Afters kontrahiert, der mit der zu massierenden Region in Verbindung steht. So ziehen Sie z. B. den linken Bereich des Afters zusammen, wenn Sie ein Organ der linken Körperhälfte massieren.

Zu Beginn wird ihre Vorstellung nicht ausreichen, um die einzelnen Bereiche voneinander abzugrenzen; aber mit zunehmender Übung stellt sich die gewünschte Sensibilität ein.

b. Halten Sie den Atem an, behalten Sie die Kontraktion bei, pressen Sie die Zähne fest aufeinander, drücken Sie die Zunge fest gegen den Gaumen, und reiben Sie gleichzeitig kräftig die Hände, damit die dort verlaufenden jeweils sechs Meridiane gründlich stimuliert werden.

c. Fahren Sie fort, die Hände zu reiben, halten Sie den Atem weiter an und lassen Sie die Kontraktion im After bestehen.

Wenn Ihnen die Hitze ins Gesicht steigt, stellen Sie sich vor, daß Chi zu den Händen fließt.

d. Wenn Gesicht und Hände heiß sind, richten Sie die Aufmerksamkeit auf die vorgesehenen Körperpartien und massieren diese so lange, wie Sie den Atem anhalten können. Anschließend stoßen Sie die Luft aus und atmen wieder regelmäßig ein und aus. Lächeln Sie und nehmen Sie den massierten Körperteil bewußt wahr. Spüren Sie, daß es dort außergewöhnlich warm ist und daß die Energien strömen.

e. Dieses Verfahren wiederholen Sie für jeden Bereich, der massiert werden soll, oder auch immer dann, wenn die Hände (wieder) kalt sind.

Warme Hände bilden die unabdingbare Voraussetzung für die Selbstmassage; denn mit kalten Händen lassen sich nur unbedeutende Erfolge erzielen.

2. Die Massage der Hände

a. Massage des Punkts lao-gong (P 8 – Palast der Arbeit)
Drücken Sie mit dem Daumen auf den Punkt P 8 im Zentrum des Handtellers und massieren Sie mit drehenden Bewegungen (Abb. 7–5). Sie finden den Punkt, indem Sie eine leichte Faust bilden. Dort, wo die Spitze des Mittelfingers die Handfläche berührt, liegt P 8.

Abb. 7–5

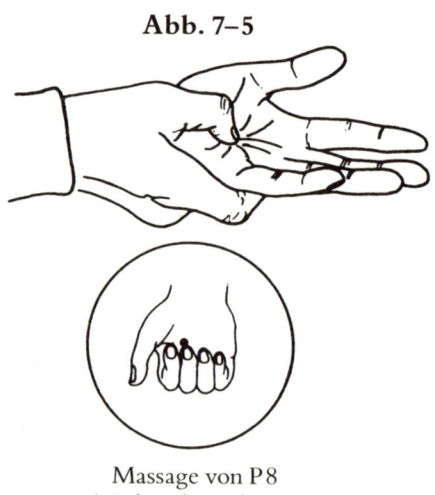

Massage von P 8
(«Palast der Arbeit»)

b. Massage des Punkts he-gu (Di 4 – Tal-Begegnung)
Legen Sie den Daumen auf den Punkt Di 4 und massieren Sie fest mit drehenden Bewegungen. Die zum Zeigefinger führenden Mittelhandknochen, die in der Nähe dieses Punktes liegen, sollen bei dieser Technik mit aller Kraft behandelt werden. Wenn Sie einen schmerzenden Punkt gefunden haben, können Sie die Schmerzen wegmassieren (Abb. 7–6).

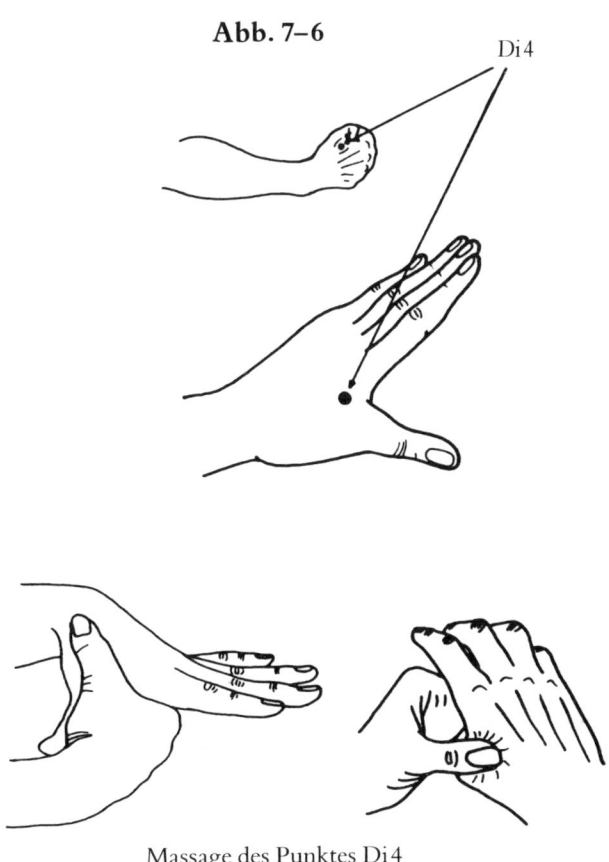

Abb. 7–6

Di 4

Massage des Punktes Di 4
(«Tal-Begegnung»)

c. Massage der wichtigsten Handlinien
Massieren Sie mit dem Daumen die Linien der Länge nach. Massieren Sie dann den Daumen; zunächst die Knochen der Mittelhand, die zum Daumen führen und anschließend den Daumen selbst. Mit Hilfe dieser Behandlung können Sie zurückgehaltene und unterdrückte Gefühle aufspüren und wegmassieren (Abb. 7–7).

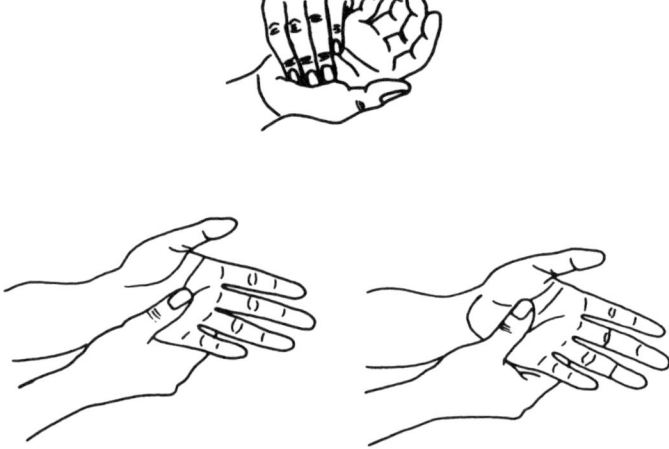

Abb. 7–7

Massage der drei wichtigsten Handlinien

d. Massage der Handrücken
Massieren Sie zunächst mit dem Daumen die Mittelhandknochen; achten Sie auf weiche, nachgebende Partien und behandeln Sie diese besonders intensiv (Abb. 7–8).

Abb. 7–8

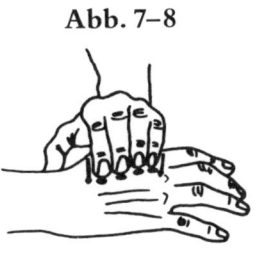

Massage des Handrückens

e. *Massage der Finger*
Umfassen Sie mit den Fingern der rechten Hand den linken Daumen, drücken Sie fest, halten Sie den Daumen so eine Weile und lösen Sie dann den Druck; wiederholen Sie das Ganze drei- bis sechsmal. Anschließend massieren Sie die Glieder der restlichen Finger der linken Hand auf die gleiche Weise, bevor Sie Daumen und Finger der rechten Hand behandeln (Abb. 7–9).

Abb. 7-9

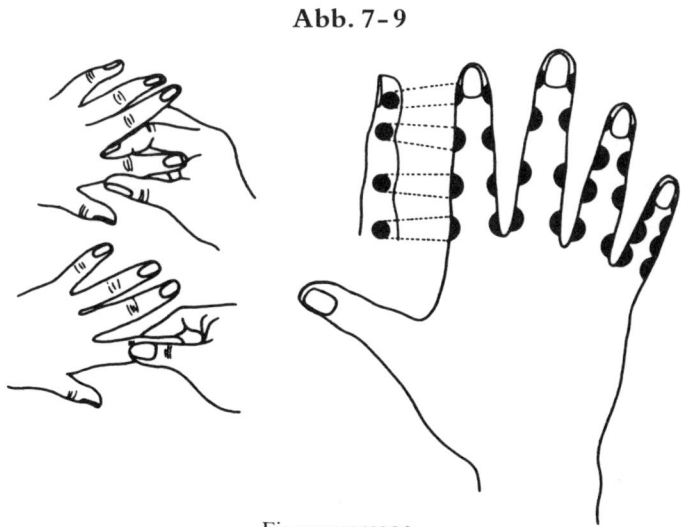

Fingermassage

Diese Technik der Fingermassage hilft Ihnen, Ihre Gefühle zu beherrschen. Sie hat sich auch als hilfreich bei Schreck- oder Angstzuständen erwiesen. Zunächst drücken Sie die Punkte am kleinen Finger der linken Hand, dann kommt der kleine Finger der rechten Hand dran. In schwierigen Situationen wie bei Vorträgen vor einem größeren Auditorium, einem Interview oder einer Begegnung mit wichtigen Personen erweist sich diese Technik als besonders nützlich.

In Verbindung mit dem Herz- und dem Nieren-Laut können Sie die Wirkung der Massage noch steigern.

Die Massage des Ringfingers empfiehlt sich bei Wut und Ärger. Beginnen Sie die Massage schon, wenn sich der Ärger ankündigt, und wenn es nötig ist, wiederholen Sie sie (Abb. 7–9).

Die tägliche Übung des Inneren Lächelns und der Sechs Heilenden Laute ist das beste Mittel, um negative Gefühle und Stimmungen unter Kontrolle zu bringen. Wer mit Nikotin-, Drogen- oder Alkoholproblemen zu kämpfen hat, sollte sich an diese Übungen halten. Die in den genannten Drogen enthaltenen Giftstoffe werden in die Organe und ins Nervensystem transportiert, wo sie zu Überaktivität und in kurzer Zeit zu einem «Hoch» führen. Wenn die Wirkung nachläßt, ist der zur Verfügung stehende Energievorrat auf ein Minimum gesunken und die typischen Erscheinungen eines niedrigen Energieniveaus wie Depression und Nervosität treten auf. In solch einem Zustand sollten Sie das Innere Lächeln und den Kleinen Kreislauf üben sowie die Finger, insbesondere die Ringfinger, massieren, um wieder zur Ruhe zu gelangen. Das Verfahren kann auch zur dauernden Entwöhnung von Nikotin, Drogen und Alkohol eingesetzt werden. Das taoistische System gibt dem Übenden die nötige Kraft, die im Organismus abgelagerten Gifte abzubauen oder schlechte Gewohnheiten aufzugeben.

K. Die Finger und ihre Beziehung zu Gefühlen, Elementen (Wandlungsphasen) und Organen

Sehen Sie sich dazu noch einmal die «Tafel der Entsprechungen» an (1. Teil, Kap. 4–4).

1. Die Daumen stehen mit Milz, Bauchspeicheldrüse und Magen in Verbindung. Das ihnen zugeordnete Element ist Erde und das zugehörige negative Gefühl die Sorge.
2. Die Zeigefinger sind mit der Lunge und dem Dickdarm verbunden, mit Metall als Element und mit Trauer, Kummer und Depression als negativen Emotionen.
3. Die Mittelfinger sind mit Herz und Dünndarm sowie mit Kreislauf und Atmung, dem Element Feuer und den negativen Gefühlen von Ungeduld und Rastlosigkeit verknüpft.
4. Die Ringfinger stehen mit Leber und Gallenblase, dem Nervensystem, dem Element Holz und den negativen Gefühlen Ärger und Wut in Beziehung.
5. Die kleinen Finger stehen in Verbindung zu Nieren und Blase, zum Element Wasser und zu den negativen Emotionen Furcht und Angst.

Abb. 7–10

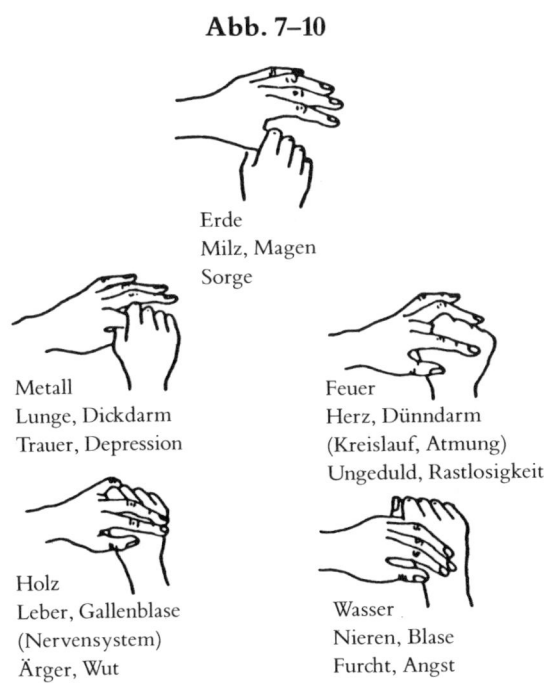

Erde
Milz, Magen
Sorge

Metall
Lunge, Dickdarm
Trauer, Depression

Feuer
Herz, Dünndarm
(Kreislauf, Atmung)
Ungeduld, Rastlosigkeit

Holz
Leber, Gallenblase
(Nervensystem)
Ärger, Wut

Wasser
Nieren, Blase
Furcht, Angst

Die Finger als Reflexzonen für Organe, Elemente und negative Gefühle

8. KAPITEL

Der Kopf

Die Kopfmassage hilft bei Kopfschmerzen, Nervosität und unausgeglichener Chi-Verteilung im Gehirn. Es ist nicht verwunderlich, daß die Ursachen von Kopfschmerzen und Nervosität in diesem Bereich zu suchen sind, von dem so viele Nerven(-bahnen) ausgehen und von dem aus der gesamte Organismus gesteuert wird. In der heutigen Zeit leiden viele Menschen schon im Jugendalter unter Nervenschwäche (Neurasthenie) und Nervenstörungen (Neuropathie), Erscheinungen, die Schlaflosigkeit, Appetitmangel, Herzrhythmusstörungen, Atembeschwerden, Müdigkeit, Lustlosigkeit usw. hervorrufen. Anscheinend werden diese Phänomene noch nicht als Krankheitssymptome angesehen; aber sie beeinträchtigen bereits die Arbeitsfähigkeit und können zu gravierenden geistig-seelischen Störungen führen. Regelmäßige Kopfmassage trägt entscheidend zur Stärkung des Nervensystems bei. Wenn Sie während der Massage die Zunge an den Gaumen legen und die Augen nach links bewegen und von dort nach rechts, dann spüren Sie deutlich die der Augenbewegung folgende Anregung des Chi von links nach rechts. Mit dieser Übung können Sie für gleichmäßige Chi-Verteilung zwischen linker und rechter Hirnhälfte sorgen und die allgemeine Funktion der Drüsen, Sinne und Organe verbessern.

Durch die Kopf- und Schädelmassage regen Sie den Blutkreislauf an und steigern die Nährstoffversorgung von Kopfhaut und Haarwurzeln. Einige meiner Schüler, deren Haar ergraut war oder die an Haarausfall litten, konnten beobachten, wie ihr Haar wieder dunkel bzw. in alter Dichte nachwuchs, sehr oft bekamen sie auch weicheres Haar als vorher. Man sollte das Haar am Morgen und vor dem Schlafengehen 25–50mal durchbürsten. Voraussetzung ist allerdings, daß man eine gute Bürste verwendet und die Striche sanft über die Kopfhaut führt. Zu starkes Bürsten setzt der Kopfhaut zu und kann zu Kopfschmerzen oder Reizung der Sinnesorgane führen.

A. Massage des Kopfes

1. Der Scheitelpunkt

Dieser Punkt befindet sich im Zentrum und an der höchsten Stelle des Schädels; bevor die Fontanellen endgültig zusammenwachsen, kann man hier bei Kleinkindern noch eine leichte Vertiefung fühlen. Im Scheitelpunkt kreuzen sich hundert Kanäle, durch welche die Energie des Körpers fließt. Durch Massage dieser Stelle mit den Mittelfingern können Sie Schwindelgefühle und Kopfschmerzen lindern, die von einem Energieüberfluß im Kopf herrühren. Außerdem wirkt die Massage blutdrucksenkend und stimuliert das Nervensystem (Abb. 8–1).

Abb. 8–1

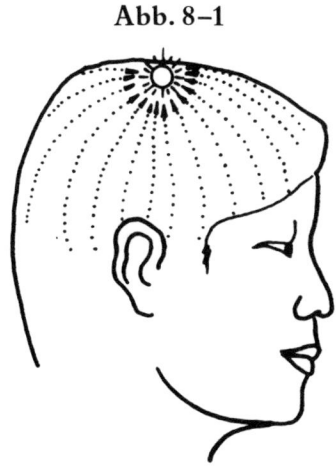

Im Scheitelpunkt pai-hui laufen hundert Energiekanäle zusammen

2. Sammeln von Chi in den Händen und im Gesicht

Atmen Sie tief ein, kontrahieren Sie die Sexualorgane, die Gesäßmuskeln und die Aftermitte. Reiben Sie kräftig die Hände, pressen Sie die Zähne aufeinander und drücken Sie die Zunge fest an den Gaumen.
Wenn Gesicht, Kopf und Hände heiß werden, atmen Sie wieder normal und beginnen Sie mit der Massage.

3. Klopfmassage

Klopfen Sie den Kopf mit den Fingergelenken, und trommeln Sie so rund um den Kopf. Durch leichtes Klopfen erhalten Sie einen klaren Kopf, überwinden seelische Blockaden und schärfen Ihre Denkfähigkeit. Vielen Leuten hilft diese Klopfmassage, besser mit den Strapazen des modernen Berufslebens fertigzuwerden; besonders Studenten mit Examensnöten profitieren von diesen Übungen. Sie helfen ihnen, den Prüfungen mit klarem Kopf und konzentriert entgegenzusehen. Zu hohe Anforderungen aus der Umwelt und belastende Gedanken, die sich in Sorgen, Furcht und Bedrückung äußern, können Sie durch diese angenehme Massage leicht kompensieren (Abb. 8–2).

Abb. 8–2

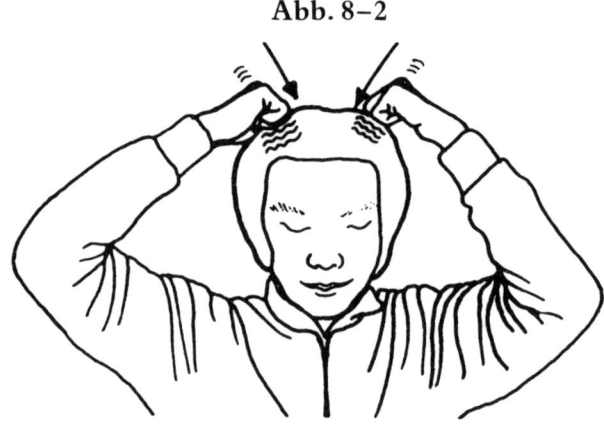

Klopfmassage des Kopfes

4. Intensivierung des Chi-Flusses durch das Gesicht

Wenn Sie den Atem anhalten, fließt Chi verstärkt in den Bahnen, die durch das Gesicht zum Scheitelpunkt streben.

5. Massage von Kopfhaut und Haarwurzeln

Wärmen Sie wie oben beschrieben Hände, Kopf und Gesicht. Verwenden Sie nun Ihre Hände wie einen Kamm, drücken Sie fest gegen die Kopfhaut und «kämmen» Sie mit den Fingern langsam von der Stirn bis zum Nacken. Stellen Sie sich während der Massage vor, wie die Energie vom Nacken in die Füße fließt. Wiederholen Sie diese Massage sechs- bis neunmal, massieren Sie schmerzende Stellen solange, bis die Schmerzen verschwunden sind (Abb. 8–3).

Abb. 8–3

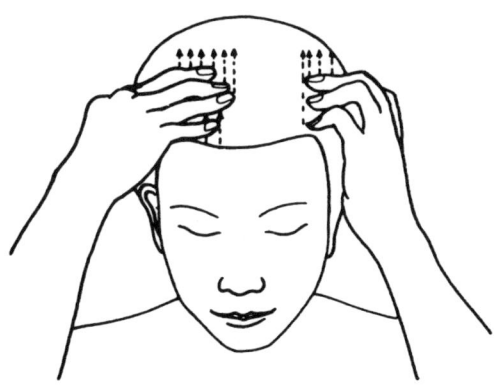

Kopfhautmassage

6. Massage am Haaransatz im Nacken

Massieren Sie mit Ihren Daumen den Bereich des Haaransatzes am Hinterkopf, bis eventuelle Schmerzen einem angenehmen Gefühl gewichen sind. Diese Art der Massage wirkt besonders gut gegen Kopf- und Augenschmerzen und stärkt die Sehkraft. Sie behandeln mit dieser Massage auch die Punkte feng-chi (G 20 – Wind-Teich) auf dem Gallenblasen-Meridian, die sich eine Daumenbreite über dem Haaransatz befinden. Nach taoistischer Auffassung sammeln sich dort schlechte Energien, die vielerlei Beschwerden in den Sinnesorganen verursachen (Abb. 8–4 und 8–5).

Abb. 8–4

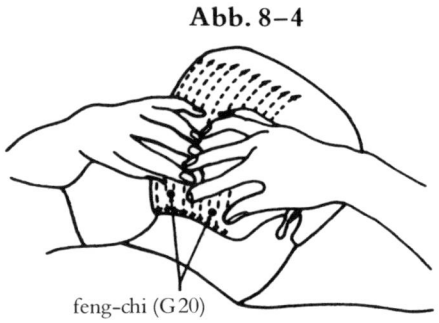

feng-chi (G 20)

Massage des Haaransatzes im Nacken

Abb. 8–5

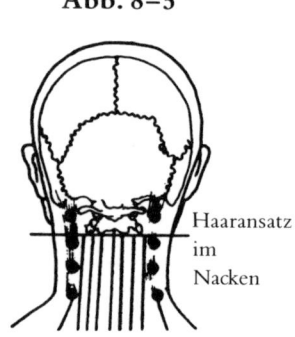

Haaransatz im Nacken

Zusammenhang von Haaransatz und Schädelbasis

B. Das Gesicht

1. Natürliche Schönheitspflege

Gesichtsmassage mit Chi ist weitaus wirkungsvoller als alle käuflichen, teuren Schönheitsmittelchen und Kosmetika; Ihre Gesichshaut erhält jugendliche Frische, und Falten werden sich nach und nach glätten. Durch das Gesicht verlaufen viele Energiebahnen; einige Hauptmeridiane enden bzw. beginnen dort. Blockaden in diesem Bereich erschweren oder unterdrücken die freie Zirkulation von Chi und schlagen sich schließlich nachteilig im Gesichtsausdruck nieder. Ungehindert fließendes Chi verhilft Ihnen dagegen zu gelösten Gesichtszügen und offenem Gesichtsausdruck. Ähnlich wie die Hände und Füße ist auch das Gesicht von Reflexzonen aller Organe überzogen (Abb. 8–6).

2. Sammeln von Chi im Gesicht

Atmen Sie tief ein, spannen Sie Sexualorgane und Gesäßmuskeln sowie Mitte und vordere Partie des Afters an. Halten Sie den Atem an, reiben Sie die Hände, pressen Sie die Zähne aufeinander und legen Sie die Zunge an den Gaumen. Wenn Ihr Gesicht heiß wird, stellen Sie sich vor, wie die Energie in Ihre Hände fließt. Hat die Wärme Ihre Hände erreicht, wenden Sie Ihre Vorstellung dem Gesicht zu und halten den Atem an, bis das Gesicht wieder heiß wird.

Abb. 8–6

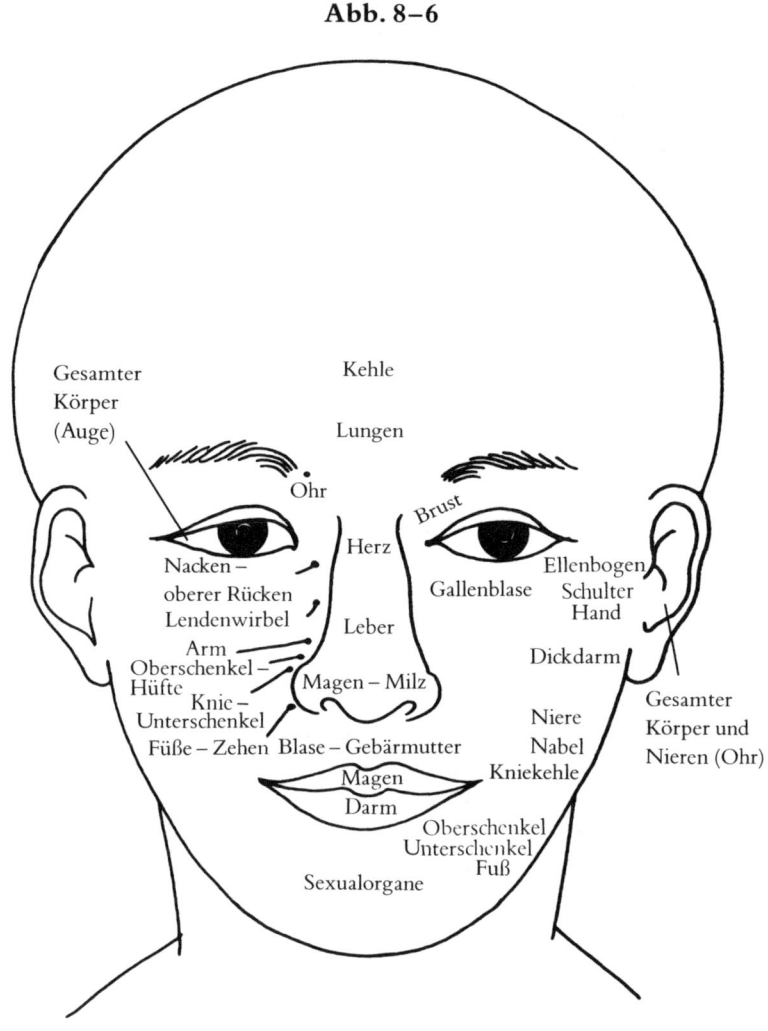

Reflexzonen im Gesicht

3. Stirnmassage

Reiben Sie die Stirn mit beiden Händen abwechselnd von links nach rechts und zurück. Wiederholen Sie die Massage sechs- bis neunmal (Abb. 8–7).

Abb. 8–7

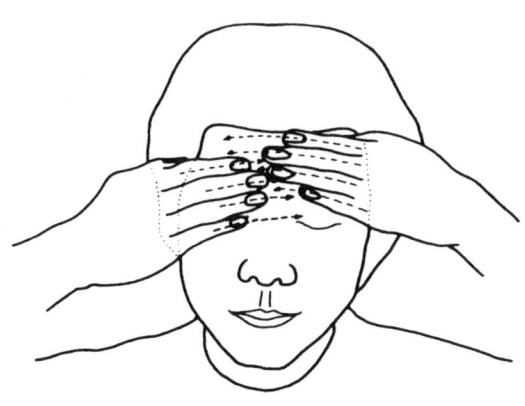

Massage der Stirn

4. Massage der Augenpartie

Reiben Sie die mittlere Gesichtspartie sechs- bis neunmal von den Augenbrauen in Richtung Nasenspitze (Abb. 8–8).

Abb. 8–8

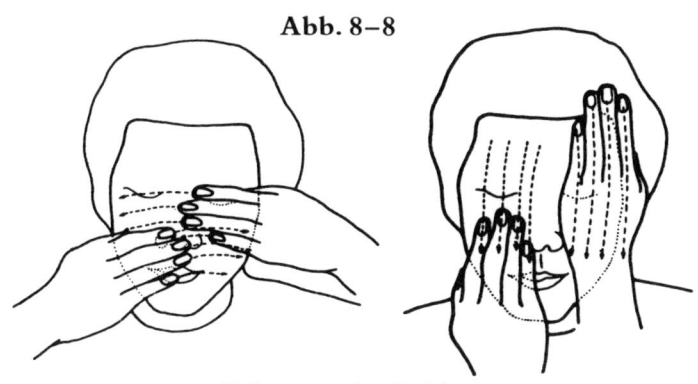

Teilmassage des Gesichts

5. Massage der unteren Gesichtshälfte

Reiben Sie diesen Bereich sechs- bis neunmal in Richtung Kinnspitze.

6. Massage des ganzen Gesichts

Sammeln Sie Energie in Ihren Händen; dann atmen Sie tief ein, bedecken Ihr Gesicht mit den Handflächen und massieren es mit Abwärtsbewegungen. Wollen Sie Fältchen verringern, massieren Sie aufwärts.

Atmen Sie aus und entspannen Sie Ihr Gesicht. Ruhen Sie sich aus und lächeln Sie Ihrem Gesicht zu, bis es vor Wärme angenehm prickelt (Abb. 8–9).

Abb. 8–9

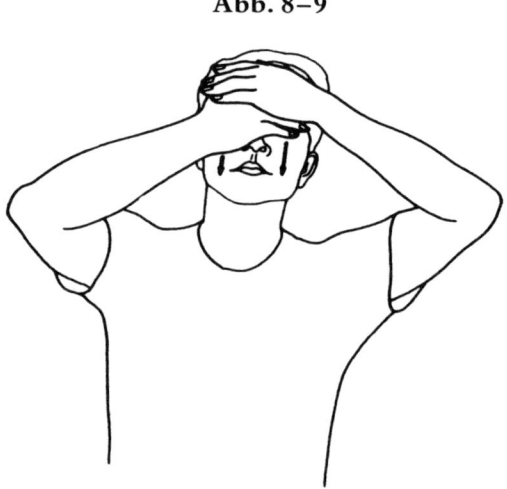

Totalmassage des Gesichts

7. Massage des unteren Stirnbereiches

Reiben Sie mit den zweiten Gelenken der beiden Zeigefinger

zehn- bis zwanzigmal von der Stirnmitte zu den Schläfen (Abb. 8–10). Diese Massage hilft gegen Kopfschmerzen im Stirnbereich.

Abb. 8–10

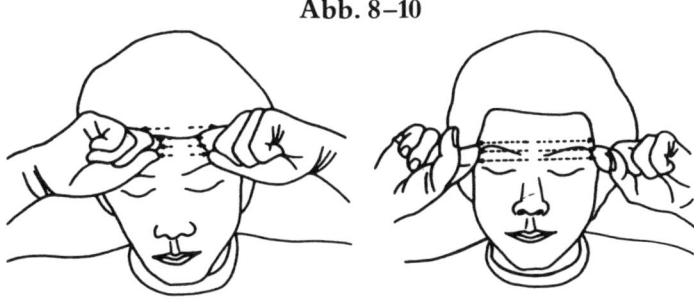

Massage des unteren Stirnbereiches

C. Schläfenmassage

Massieren Sie mit den zweiten Gelenken der Zeigefinger die Schläfen in kleinen Kreisen, zuerst im Uhrzeigersinn, dann in der Gegenrichtung, insgesamt zehn- bis zwanzigmal (Abb. 8–11). Diese Massage hilft Kopfschmerzen im Schläfenbereich zu lindern. Wenn Sie auf eine schmerzhafte Stelle treffen, massieren Sie solange, bis der Schmerz vergangen ist.

Abb. 8–11

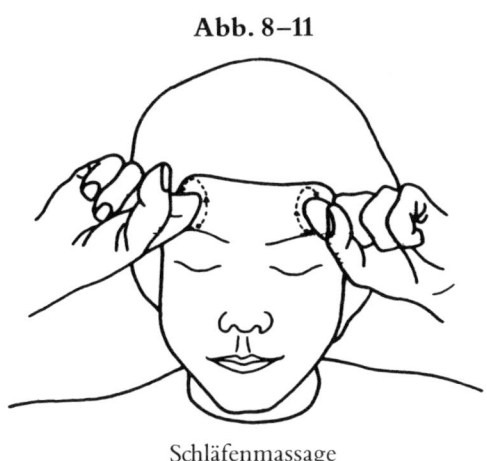

Schläfenmassage

D. Die Mundpartie

Melancholie und Mutlosigkeit wirken sich nachhaltig auf die Gesichtszüge aus; die Mundwinkel und äußeren Augenwinkel hängen nach unten. Die Muskeln der Mundpartie erschlaffen bei Trauer, Resignation und Erschöpfung und zeigen damit an, wie tief der Energiespiegel gesunken ist. Ein mutloser und trauriger Gesichtsausdruck schlägt sich außerdem negativ auf die Stimmung Ihrer Umgebung nieder.

Abb. 8–12

Heiterer Gesichtsausdruck   Gesicht mit herabgezogenen Mundwinkeln

Schönheitsmassage für den Mund

Bedenken Sie, daß sich ein kraftvoller Energiestrom in Ihrem Körper positiv auf Ihre Verfassung und Ihren Gesichtsausdruck auswirkt und daß Sie dadurch auf andere Personen anziehend und gewinnend wirken. Die Massage der Mundpartie und die Übung des Inneren Lächelns verhelfen Ihnen zu einem heiteren Gesichtsausdruck und zu positiver Ausstrahlung.

Schönheitsmassage für den Mund
Berühren Sie die beiden Mundwinkel mit dem Daumen und dem Zeigefinger der rechten Hand, und fühlen Sie, wie Chi aus Daumen und Zeigefinger in die Mundwinkel fließt. Pressen Sie langsam und drücken Sie die Mundwinkel gut 2 cm nach oben; lassen Sie los und wiederholen Sie diese Übung zehn- bis zwanzigmal (Abb. 8–12).

E. Die Augen

Der Zustand der Augen gibt Aufschluß über die geistige Verfassung, und der Gesichtsausdruck läßt gleichzeitig Rückschlüsse auf die Persönlichkeit zu. Unvorteilhafte Augenstellung oder Augenform hinterlassen bei Ihrem Gegenüber einen negativen Eindruck von Ihrer Persönlichkeit. Mit Hilfe von Augenübungen können Sie jedoch Ihr Aussehen verbessern.

Da die Augen mit dem gesamten Nervensystem verbunden sind, läßt sich an ihnen der Gesundheitszustand des Körpers ablesen; so zeigen sie Organschwächen, Unterfunktionen und Ablagerungen an. Durch regelmäßige Massage kann die Belastung wichtiger Organe reduziert werden. Heute ist die Augenmassage auch deshalb so wichtig, weil die Beanspruchung der Augen am Arbeitsplatz (Bildschirme) und in der Freizeit (Fernsehen) weit über das erträgliche Maß hinausgeht. Als Folge der Überlastung läßt die Kraft der Augen nach, die Öffnungsmechanismen zu den Organen werden schwach, und so geht viel Organenergie verloren.

Nach taoistischer Ansicht stellen die Augen die «Fenster des Geistes» dar, den Zugang zur Seele; gleichzeitig bilden sie auch die Öffnung der Leber. In zahlreichen taoistischen Übungen wird der Fluß des Chi mit Hilfe der Augen dirigiert. Die Augenenergie gilt als Yang-Energie.

Die Massage der Augenwinkel sollte sanft und vorsichtig durchgeführt werden; denn wenn das Gewebe überdehnt wird, weisen die äußeren Augenwinkel nach unten und rufen einen melancholischen Gesichtsausdruck hervor. Die Massage wird also von den Augenwinkeln nach oben hin durchgeführt.

1. Vorbereitung der Massage: Sammeln der Energie in den Händen und Augen

Kontrahieren Sie beim Sammeln des Chi in den Händen (wie bereits beschrieben) den mittleren, den linken und den rechten Bereich des Afters. Lenken Sie die Energie zuerst ins Gesicht und dann in die Hände; nachdem die Hände heiß geworden sind, lenken Sie die Energie von dort in die Augen, bis Sie die Energie in Ihren Augen fühlen.

2. Massage der Augäpfel und ihrer Umgebung

Schließen Sie die Augen und massieren Sie die Augäpfel bei geschlossenen Lidern mit den Fingerspitzen: je sechs- bis neunmal in Uhrzeigerrichtung und in der Gegenrichtung (Abb. 8–13). Massieren Sie die Umgebung der Augenlider ebenso oft. Achten Sie auf schmerzende Stellen und behandeln Sie diese, bis der Schmerz verschwunden ist.

Geben Sie besonders auf die äußeren Augenwinkel acht; eine halbe Daumenbreite außerhalb liegen die Anfangspunkte der beiden Zweige des Gallenblasen-Meridians (G 1 – Tongziliao, Pupillen-Grube). Die Massage der beiden Punkte hilft gegen Augenleiden und Sehfehler.

Abb. 8–13

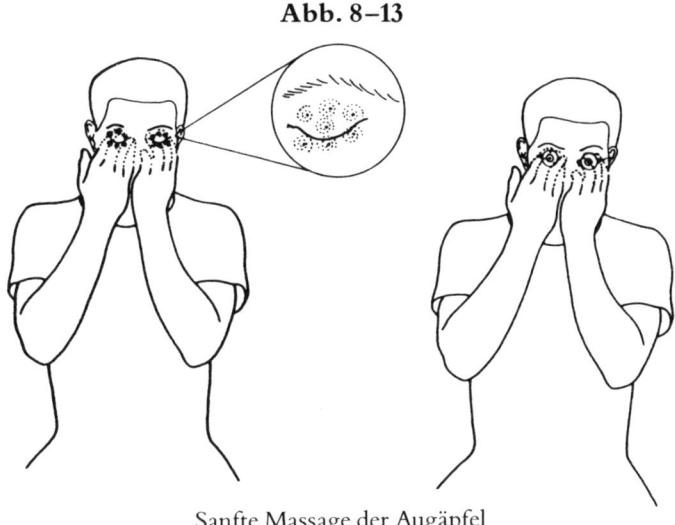

Sanfte Massage der Augäpfel

3. Stimulierung der Augenlider

Durch das Abheben der Augenlider wird die Absonderung von Tränenflüssigkeit angeregt. Fassen Sie die Lider zwischen Daumen und Zeigefinger, heben Sie sie ab und lassen Sie sie wieder los. Wiederholen Sie diese Übung sechs- bis neunmal (Abb. 8–14).

Abb. 8–14

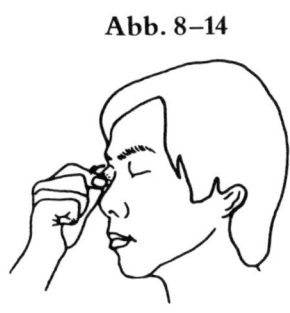

Abheben des Augenlids

4. Massage der Augenhöhlen

Reiben Sie jeweils mit der Rückseite der zweiten Glieder der Zeigefinger sechs- bis neunmal über die Stirnbein- und Jochbeinpartien direkt über und unter den Augen (Abb. 8–15).

Abb. 8–15

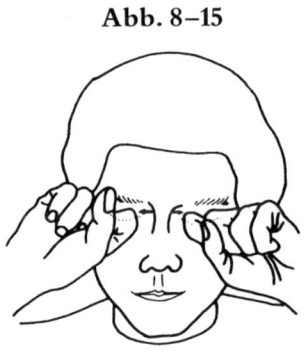

Massage der Augenhöhlen

5. Eine Träne zum Fließen bringen

Halten Sie einen Zeigefinger im Abstand von 20 cm vor die Augen oder konzentrieren Sie sich auf einen Punkt an einer Wand (im Abstand von etwa eineinhalb Meter). Fixieren Sie den Zeigefinger bzw. den Punkt, ohne zu blinzeln, bis Sie das Gefühl haben, daß in Ihren Augen ein Feuer brennt. Nach taoistischer Ansicht können Körpergifte auf diese Weise durch die Augen verbrannt werden.

Wenn die Augen voller Tränen sind, schließen Sie Ihre Augen und bedecken Sie die Augenhöhlen mit den Flächen Ihrer warmgeriebenen Hände. Fühlen Sie, wie Chi aus den Händen von den Augen aufgenommen wird. Rollen Sie je sechs- bis neunmal mit den Augen im Uhrzeigersinn und dann in der Gegenrichtung (Abb. 8–16 und 8–17).

Abb. 8–16

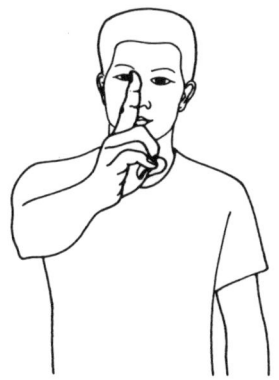

Eine Träne zum Fließen bringen

Abb. 8–17

Mit den Augen Chi aufnehmen und die Augäpfel kreisen lassen

6. Stärkung der Augäpfel

Die Augen werden in fünf Bereiche aufgegliedert, von denen jeder eng mit bestimmten Organen und Nerven verbunden ist (Abb. 8–18).

Abb. 8–18

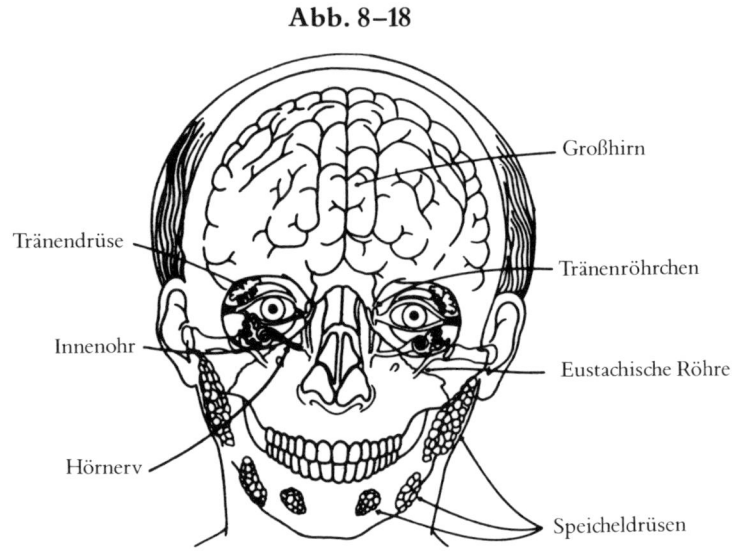

Die Augen und ihre Verbindungen zu Organen im Kopf

Das Ziehen und Schieben der Augäpfel übt und kräftigt die Organe, alle Sinne, die Drüsen und besonders das Sehzentrum im Gehirn. Es stellt eine hervorragende Übung für die äußere Augenmuskulatur dar. Da die Muskeln, welche die Augen umgeben, im allgemeinen nur ungenügend geübt werden, lassen sie mit der Zeit nach und damit ebenfalls die Sehstärke (Abb. 8–19).

Abb. 8–19

1. Kontraktion des Auges im Zentrum erzeugt Druck auf das Innenohr
2. Mit dem linken Auge Druck auf den Ohrkanal; mit dem rechten Auge Druck auf die Eustachische Röhre

3. Druck auf Hypophyse

4. Mit dem rechten Auge Druck auf den Ohrkanal; mit dem linken Auge Druck auf die Eustachische Röhre
5. Druck auf die Eustachische Röhre

Übung zur Kräftigung der Augen und der umliegenden Organe und Drüsen

a. Halten Sie die Augen geschlossen und bedecken Sie sie mit den Handflächen. Atmen Sie tief ein, kontrahieren Sie After und Sexualorgane, und ziehen Sie die Augäpfel tief in die Augenhöhlen zurück.
b. Spannen Sie die Aftermitte und die Zentren der Augäpfel an.
c. Ziehen Sie den vorderen Bereich des Afters und die oberen Bereiche der Augäpfel zusammen.
d. Spannen Sie den hinteren Bereich des Afters und die unteren Bereiche der Augäpfel an.

e. Ziehen Sie den rechten Bereich des Afters und die rechts liegenden Bereiche der Augäpfel zusammen.

f. Ziehen Sie den linken Bereich des Afters und die links liegenden Bereiche der Augäpfel zusammen.

Diese sechs Übungen kräftigen die Augen und stimulieren Hypophyse, Zirbeldrüse und Innenohr mit Trommelfell und Gehörgängen.

Wenn Sie die Augäpfel in die Höhlen zurückziehen, nach oben drehen und die Pupillen auf den Scheitelpunkt richten, stärken Sie die oberen geraden und schrägen Augenmuskeln und regen die Funktion von Hypophyse und Zirbeldrüse an.

Wenn Sie die Zentren der Augäpfel zusammenziehen und in die Augenhöhlen zurückziehen, kräftigen Sie die Ansätze der Augenmuskeln sowie das Innenohr.

Die Übung der äußeren Augenpartien trägt zur Stärkung der lateralen Augenmuskeln, der Gehörgänge und Trommelfelle bei.

Beim Zurückziehen der inneren Augenpartien stärken Sie die medialen Augenmuskeln, die Tränenröhrchen und die Nase.

Beim Zurückziehen der unteren Bereiche der Augen massieren Sie gleichzeitig die unteren Bereiche der Gehörgänge und das dazugehörige Nervensystem.

7. Übung des direkten Blicks

Es gibt Menschen, denen der direkte Blick Unbehagen und Unsicherheit bereitet; sie sprechen dann mit belegter Stimme und werden immer leiser. Einige weichen den Blicken aus und vermeiden es, dem Gesprächspartner in die Augen zu sehen. Funktionsschwächen der Gallenblase und der Nieren können zu diesem Gebaren führen. Zur Abhilfe empfehlen sich das Innere Lächeln, die Sechs Heilenden Laute, taoistische Selbstmassage und die Übung des direkten Blickes.

Dazu stellen Sie sich vor den Spiegel und sehen Sie sich direkt ins Gesicht – in der ersten Woche täglich 2–5 Min. Nach 10 Tagen richten Sie den Blick fest auf Ihre Augen; und wenn Sie sich ausreichend sicher fühlen, starren Sie direkt in Ihre Pupillen. Mit der

Zeit fühlen Sie, wie Ihre Sicherheit und Festigkeit zunehmen und Sie mit jedem Blickkontakt aufnehmen können.

F. Die Nase

Die Nase hat zahlreiche Aufgaben zu erfüllen. Beim Einatmen durch die Nase, nicht durch den Mund, wird die Luft von Fremdstoffen befreit und gelangt gereinigt in die Lungen. Eine weitere Funktion der Nase besteht darin, die Temperatur der eingeatmeten Luft zu regulieren. Ist die Luft zu kalt, wird sie zuerst in der Nase vorgewärmt. So wird die Lunge auch bei niedrigen oder extrem tiefen Temperaturen nicht geschädigt und Erkrankungen der oberen Atemwege werden verhindert. Wer regelmäßig nach dem taoistischen System übt, wird sich übrigens äußerst selten erkälten.

Im Nasenbereich verlaufen drei Energieleitbahnen: Dickdarm- und Magen-Meridian sowie das Lenker-Gefäß. Durch Reiben der Nase unterstützen Sie die Wärmeregulierung, stimulieren die mit den drei genannten Meridianen verbundenen Organe und verstärken die Hormonausschüttung. Heute wird in China im Nasenbereich akupunktiert, um Patienten bei operativen Eingriffen im gesamten Körper zu anästhesieren.

Nasenleiden haben einen nachhaltigen Einfluß auf das persönliche Befinden und unvorteilhafte Nasenformen wirken sich ungünstig auf die äußere Erscheinung aus. Eine gut geformte und funktionstüchtige Nase trägt dagegen zu gutem und kräftigem Chi bei, weil der Atem des Lebens dann unbehindert durch die Nase in den Körper gelangen kann. Eine schwache Nase ist Angriffspunkt sowie Ausgangspunkt für viele Infektionen, beispielsweise können Keime in die benachbarten Nebenhöhlen gelangen und zu (teilweise) chronischen Entzündungen führen. Auch die Stimme ist vom einwandfreien Zustand der Nase abhängig. Gute Sänger haben immer auch einen gesunden Nasenraum. Auch hier trägt die intensive Massage zur Vermeidung von Nasenleiden bei, sie verstärkt den Chi-Fluß und die Blutzirkulation im Nasenbereich.

1. Vorbereitende Übung: Chi in den Händen sammeln

Wiederholen Sie die bereits bekannte Prozedur, und ziehen Sie den vorderen Bereich des Afters zusammen.

2. Massage der Nasenlöcher

Weiten Sie die Nasenlöcher, indem Sie Daumen und Zeigefinger in diese einführen und dann zehn- bis zwanzigmal nach links und rechts, nach oben und unten bewegen. Auf diese Weise werden die Luftwege erweitert; außerdem hilft die Massage gegen Nebenhöhlenbeschwerden und verbessert die Riechfähigkeit (Abb. 8–20).

Abb. 8–20

Weiten der Nasenlöcher

3. Massage des Nasenrückens (Brücke)

Fassen Sie den Nasenrücken mit Daumen und Zeigefinger, atmen Sie dabei langsam ein und stellen Sie sich vor, daß Sie saubere Luft atmen. Massieren Sie, indem Sie mit Daumen und Zeigefinger drücken und wieder loslassen. Sodann atmen Sie langsam aus und stellen sich vor, daß Sie schmutzige Luft ausatmen. Wiederholen

Sie diese Übung 9–36mal. Die Massage ist ein wirksames Mittel gegen verstopfte Nebenhöhlen (Abb. 8–21).

Abb. 8–21

Massage des Nasenrückens

4. Massage des mittleren Nasenbereichs

Legen Sie Daumen und Mittelfinger jeweils auf die Nasenflügel, genau auf die Dachbeinknochen, und den Zeigefinger auf den Nasenrücken. Atmen Sie ein und drücken Sie mit den Fingerspitzen sanft zu. Atmen Sie aus und lösen Sie den Druck.

Fühlen Sie, wie die Hitze von Ihren Fingern in die Nase fließt. Diese Massagetechnik stärkt die Konzentrationsfähigkeit und dient der mentalen Beruhigung (Abb. 8–22).

Abb. 8–22

Massage des mittleren Nasenbereiches

5. Massage der Nasenflügel

Massieren Sie langsam mit den Zeigefingern die Nasenflügel, beginnen Sie mit kleinen Bewegungen und gehen Sie allmählich immer weiter nach unten und nach oben. Wiederholen Sie die Massagebewegungen 9–36mal.

Dieses Verfahren hilft ebenfalls bei geschwollenen Nebenhöhlen und bei verstopfter Nase. Reiben Sie am Anfang nicht zu fest, da das Gewebe sehr empfindlich ist und leicht gereizt werden kann. Reiben Sie die Nasenwände, bis sie gut durchwärmt sind; besonders im kalten Winter und vor dem Aufstehen sollten Sie die Nase auf diese Art behandeln (Abb. 8–23).

Abb. 8–23

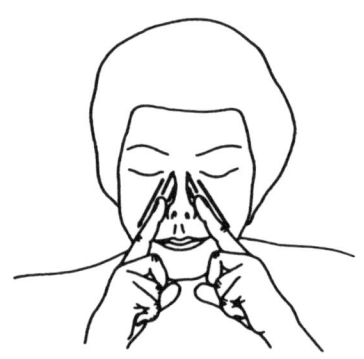

Massage der Nasenflügel

6. Massage der Nasenscheidewand und des Nasenknorpels

Halten Sie Ihren Zeigefinger waagerecht unter die Nase, drücken Sie ihn sanft gegen die Nasenscheidewand und ziehen Sie ihn leicht hin und her. Verfahren Sie zu Beginn noch vorsichtig und erhöhen Sie den Druck erst, wenn das Gewebe stärkeren Druck ertragen kann.

Diese Methode hilft bei verstopften Nebenhöhlen und bei laufender Nase (Abb. 8–24).

Abb. 8–24

Massage von Nasenknorpel und -scheidewand

G. Die Ohren

In China heißt es, daß ein Mensch mit fleischigen und großen Ohren ein langes und gesundes Leben vor sich hat und ein gewinnendes Wesen besitzt. Die Übungen in diesem Abschnitt beugen gegen Hörschwächen vor, wie sie in zunehmendem Alter aufzutreten pflegen.

Auf den Ohren befinden sich 120 Akupunkturpunkte. Alle Organe des Körpers sind dort reflektiert. Heute behandelt eine zunehmende Zahl von Akupunkteuren nur noch die Ohren zur Heilung von Krankheiten, zur Entwöhnung von Süchten und zur Gewichtsreduzierung.

1. Massage des äußeren Ohrs

Sammeln Sie zunächst Energie in den Händen und ziehen Sie den linken und rechten Bereich des Afters zusammen.
a. Massage der Hauptpartie vor und hinter der Ohrmuschel: Reiben Sie mit dem Zeigefinger hinter dem Ohr und mit dem Ringfinger vor dem Ohr gleichzeitig auf und ab (Abb. 8–25/1).
b. Behandlung der Ohrmuscheln: Massieren Sie die Ohrmuscheln mit allen Fingern. Dadurch wird das autonome Nervensystem

stimuliert und Sie sorgen für eine intensive Erwärmung des ganzen Körpers. Diese Übung ist besonders bei tiefen Außentemperaturen zu empfehlen (Abb. 8–25/2).

c. *Massage der Ohrläppchen:* Fassen Sie die Ohrläppchen zwischen Daumen und Zeigefinger und ziehen Sie sie leicht nach unten (Abb. 8–25/3).

Abb. 8–25

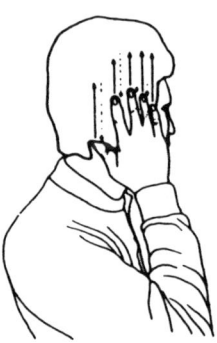

1. Reibemassage vor und hinter dem Ohr

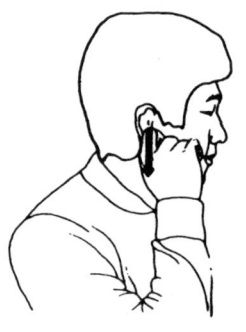

2. Massage der Ohrmuscheln

3. Herabziehen der Ohrläppchen

Massage des äußeren Ohrs

d. *Trommelfellübungen:* Sammeln Sie wieder Energie in den Händen und ziehen Sie den linken und rechten Bereich des Afters zusammen. Atmen Sie ein und atmen Sie ganz aus. Stecken Sie die Zeigefinger in die äußeren Gehörgänge; es sollte sich anfühlen, als ob in den Ohren ein Vakuum wäre. Bewegen Sie die Zeigefinger nun sechs- bis neunmal hin und her; wählen Sie das Tempo so, daß die Wände der Gehörgänge die Bewegung mitmachen. Wenn Sie die Finger dann ruckartig aus den Ohren ziehen, sollten Sie einen «Blop»-Laut vernehmen. Danach werden Sie besser hören und klarer denken können (Abb. 8-26).

Abb. 8-26

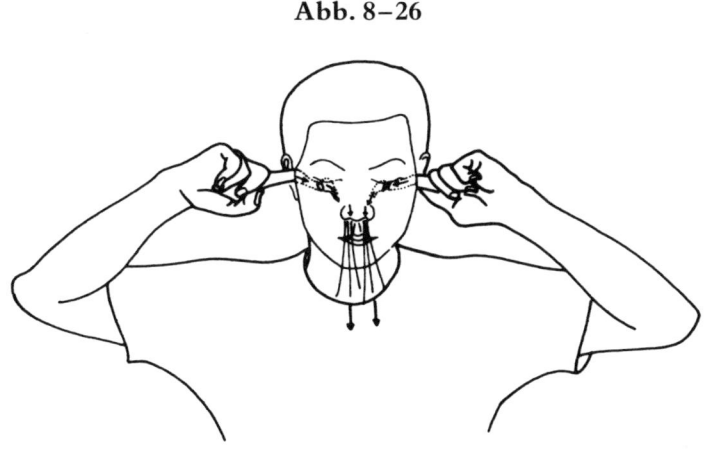

Trommelfellübung von außen

2. Massage des Innenohrs

Sammeln Sie wieder Energie in Ihren Händen und ziehen Sie den linken und rechten Bereich des Afters zusammen. Das Innenohr ist von außen nicht zugänglich, wird weniger durch Übungen gestärkt und verliert mit zunehmendem Alter an Funktionstüchtigkeit. Bei den beiden folgenden Übungen nutzen Sie Überdruck und Vibrationen, um das Innenohr zu kräftigen. Da die Gehörgänge, die Nasenhöhle und die Mundhöhle miteinander verbunden sind, können Sie bei diesen Übungen den Luftdruck aus den Lungen nutzen, den Sie in den Rachenraum und durch die Eustachische Röhre bis an die Innenseite des Trommelfells pressen können (Abb. 8-27).

Abb. 8-27

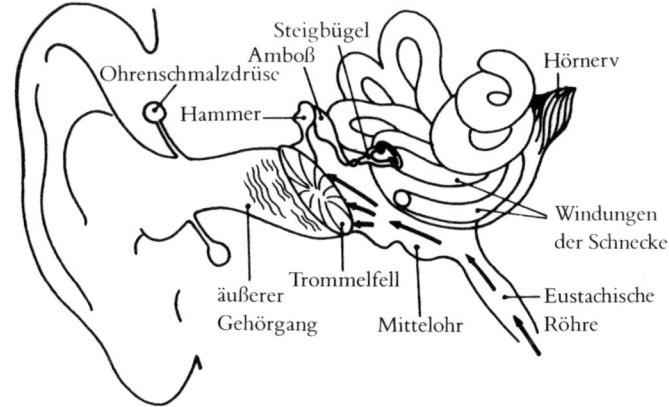

Aufbau des Ohrs und Verbindung von Mundhöhle und Innenohr

a. Druckübung
Atmen Sie tief ein, bis die Lungen und die Nasenhöhle mit Luft gefüllt sind; schließen Sie den Mund und drücken Sie mit Zeigefinger und Daumen die Naseneingänge zu. Pressen Sie von innen langsam die Luft gegen die verschlossenen Nasenlöcher und schlucken Sie dann Luft. Sie sollten spüren, wie die Trommelfelle mit einem leisen «Blop»-Laut antworten. Wiederholen Sie die Prozedur zwei- bis dreimal. Seien Sie vorsichtig, daß Ihr Trommelfell keinen Schaden nimmt; sanftes Üben wird die besten Wirkungen zeigen (Abb. 8-28).

Abb. 8–28

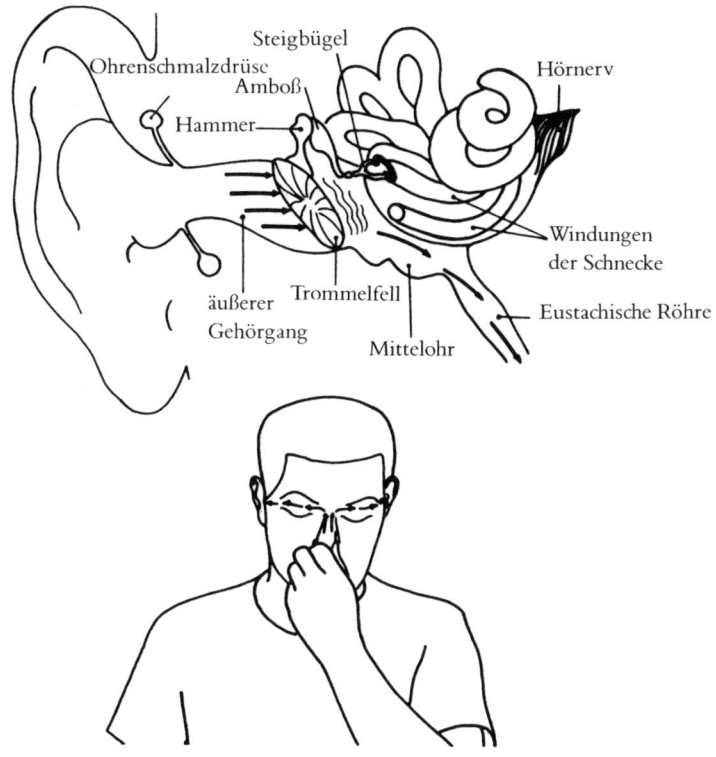

Druckübung für das Innenohr

b. Stärkung der Ohrnerven: «Die Ohrtrommel schlagen»
Legen Sie Ihre Handflächen fest auf die Ohren, die Fingerspitzen weisen zum Hinterkopf. Schnipsen Sie mit den Zeigefingern gegen Ihre Mittelfinger, so daß die Zeigefinger gegen den Hinterhauptsknochen klopfen und ein stark vernehmliches Geräusch erzeugen (Abb. 8–29).

Das Schnippen mit den Fingern bringt die Ohrnerven und alle Regionen des Ohres zum Vibrieren, verbessert die Funktionstüchtigkeit des Ohres und stärkt die Schleimhäute im Mittelohr.

Abb. 8–29

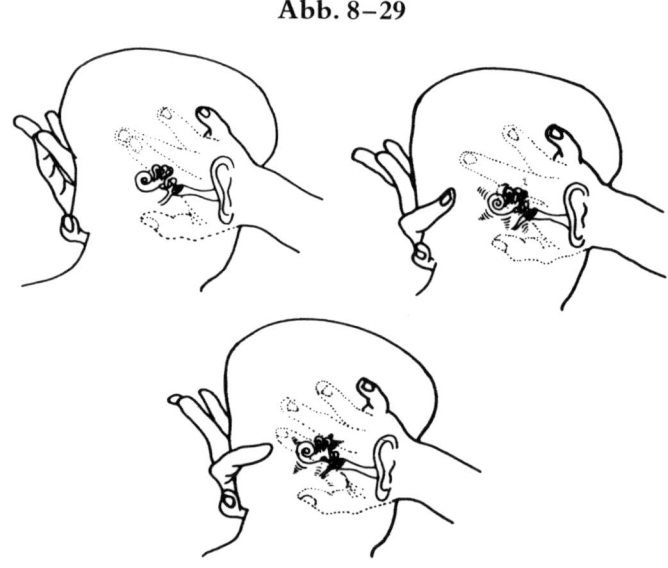

Stärkung der Ohrnerven

H. Zahnfleisch, Zunge und Zähne

Die Gesundheit Ihrer Zähne hängt weitgehend vom Zustand des Zahnfleisches ab, das ihr Fundament bildet. Mit den folgenden Übungen kräftigen Sie sowohl das Zahnfleisch als auch die Zähne. Die Zähne entstehen aus überschüssiger Knochenenergie; und wenn sich der Zustand der Zähne bessert, wirkt sich das auch günstig auf die Knochen aus. Wenn Zähne und Zunge gesund sind, bessert sich der Zustand Ihrer Mundflora und schlechter Atem verschwindet. Nach taoistischer Vorstellung gilt der Speichel als sichtbare Erscheinungsform der Energie, die dazu dient, Organe und Verdauungssystem mit einem Feuchtigkeitsfilm zu überziehen.

Die Zunge ist eng mit dem Herzen verbunden, sie gilt als dessen Öffnung. Beide bestehen aus gleichartigem Gewebe. Eine gesunde und saubere Zunge trägt entscheidend zur Kräftigung der Organe, besonders des Herzens bei. Sie sollten Ihre Zunge zweimal am Tage mit einem Bürstchen oder einem Zungenschaber reinigen und sie mit einem sauberen Finger massieren. Achten Sie auf schmerzende Stellen und behandeln Sie diese so lange, bis Besserung eintritt (Abb. 8–30).

Abb. 8–30

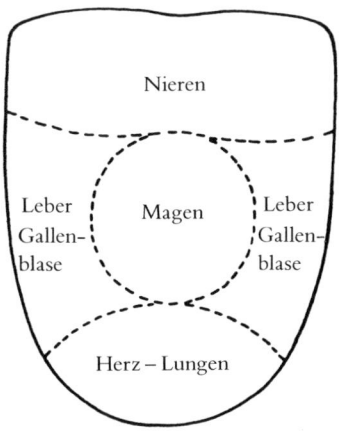

Reflexzonen der Zunge

1. Vorbereitung der Massage

Sammeln Sie wie üblich Energie in den Händen und ziehen Sie die Aftermitte zusammen.

2. Zahnfleischmassage

Öffnen Sie die Kiefer und spannen Sie die Lippen straff über die Zähne. Klopfen Sie dann mit den drei mittleren Fingerspitzen die Haut über dem Zahnfleisch von Ober- und Unterkiefer ab, bis sich diese Region warm anfühlt.

3. Massage des Zahnfleisches und der Zunge

Massieren Sie das Zahnfleisch von Ober- und Unterkiefer mit Ihrer Zunge (Abb. 8–31). Saugen Sie etwas Speichel in die Mundhöhle, pressen Sie Ihre Zunge fest gegen den Gaumen und versuchen Sie, die Zunge zu bewegen.

Wenn Sie Ihre Zunge stärken, trägt das gleichzeitig zur Kräftigung des Herzens bei.

Bewegen Sie die Zunge hin und her, vor und zurück. Pressen Sie sie wieder fest gegen den Gaumen, spannen Sie die Halsmuskeln an und schlucken Sie den Speichel. Dieser überzieht dann die Drüsen und Organe Ihres Verdauungstrakts mit einem Flüssigkeitsfilm.

4. Die Zunge

a. Streckübung für die Zunge
Setzen Sie sich und legen Sie die Hände auf die Knie, die Handfläche nach unten. Atmen Sie aus und strecken Sie die Arme, spreizen Sie die Finger, lassen Sie die Hände aber auf den Knien. Öffnen Sie den Mund so weit wie möglich, strecken Sie die Zunge heraus und richten Sie die Spitze in Richtung Kehle; dabei blicken

Abb. 8-31

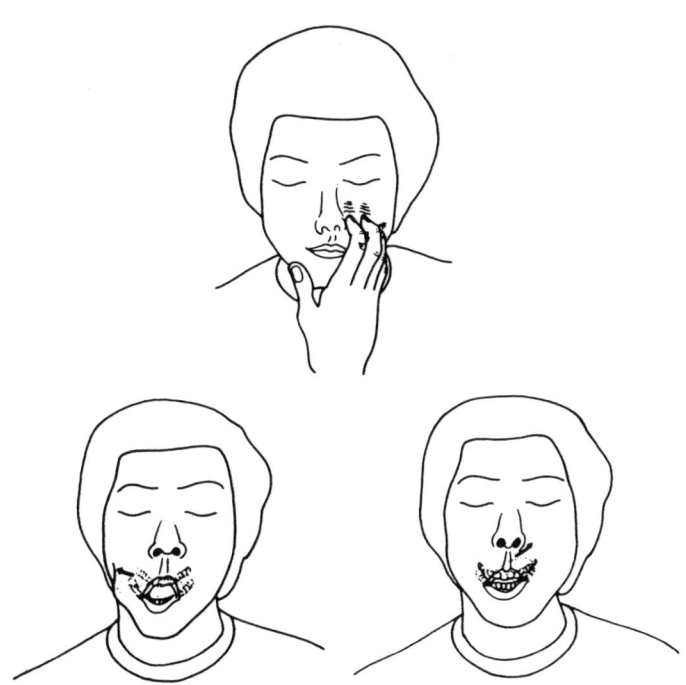

Zahnfleischmassage mit den Fingern und mit der Zunge

Sie mit beiden Augen auf die Nasenspitze. Der gesamte Körper sollte angespannt sein. Halten Sie den Atem so lange an, wie Sie sich nicht unwohl fühlen. Dann atmen Sie aus, entspannen sich und kehren zum normalen Atemrhythmus zurück.

Mit dieser Übung stärken Sie Rachen, Zunge und Stimme; außerdem tun Sie etwas gegen Mundgeruch und für eine klare Stimme.

b. Übung für die Unterseite der Zunge
Atmen Sie ein, stoßen Sie die Luft aus und strecken Sie die Zunge so weit wie möglich nach außen und unten. Dann ziehen Sie die Zunge wieder ein und biegen sie nach hinten um. Pressen Sie die Unterseite der Zunge fest an den Gaumen, kontrahieren Sie die Aftermitte und ziehen Sie die Speiseröhre nach oben, um der

Zunge zu helfen (Abb. 8–32). Mit zunehmender Übung lernen Sie die innere Kraft, die Kraft der Organe, zu benutzen, um die Zunge nach oben zu pressen. Obwohl die Zunge keine Knochen enthält, kann sie sehr starken Druck ausüben und sehr kräftig werden.

Abb. 8–32

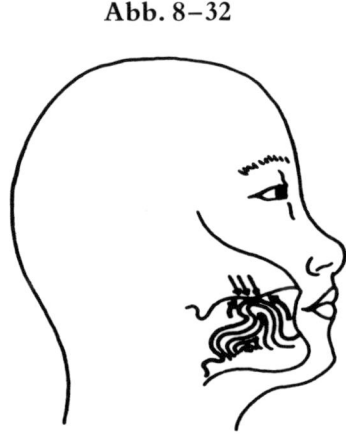

Die Unterseite der Zunge an den Gaumen pressen

5. Übung für das Gebiß

Entspannen Sie die Lippen, schlagen Sie die Zähne leicht aufeinander und beißen Sie dann fest mit den beiden Zahnreihen aufeinander; atmen Sie dabei ein und ziehen Sie die Aftermitte zusammen.

Wiederholen Sie die Übung sechs- bis neunmal. Bewegen Sie die Zunge hin und her, um viel Speichel zu produzieren. Dann legen Sie die Zunge an den Gaumen und schlucken kräftig, so daß der Speichel durch die Speiseröhre in den Magen rinnt. Fühlen Sie, wie der Speichel ein angenehm warmes Gefühl erzeugt, das sich auf alle Organe überträgt.

Mit Hilfe dieser Übung können Sie Zahnfleischentzündungen verhindern, das Gebiß stärken und Zahnschmerzen lindern (Abb. 8–33 und 8–34).

Abb. 8–33

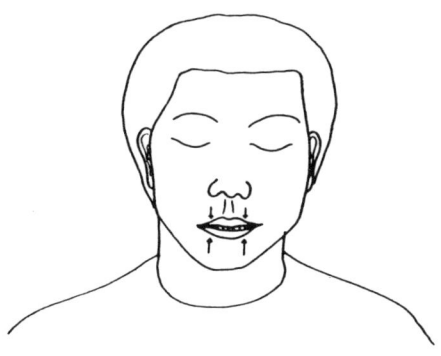

Zähne aufeinanderschlagen

Abb. 8–34

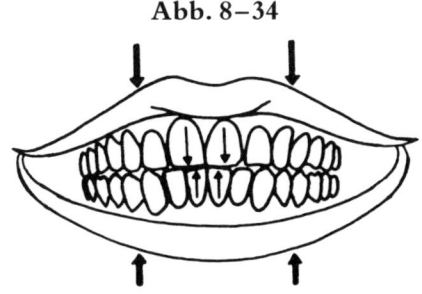

Aufeinanderpressen der Zähne

6. Konzentrierung von Energie im Gebiß

Schließen Sie den Mund und halten Sie die beiden Zahnreihen nur leicht aufeinander. Senden Sie Chi in die Zähne. Fühlen Sie, wie die Energie elektrisierend durch Ihre Zähne fließt.

I. Hals und Nackenmassage

Der Hals, durch den die meisten Energiebahnen verlaufen, läßt sich mit einem Flaschenhals vergleichen, durch den sich alles – Chi, Reize und Gefühle – hindurchzwängen muß. Wenn der Durchfluß zu stark wird, kann es leicht zu Behinderungen oder gar zum Stau kommen. Unbewußt und unbeabsichtigt spannt sich die Hals- und Nackenmuskulatur an, um Belastungen abzuwehren. Diese Spannungen und Verkrampfungen im Nacken und Hals beeinträchtigen Ihr Selbstbewußtsein; die verspannte Muskulatur strahlt bis in die Kehle aus, wo sich ein beklemmendes Gefühl einstellt, das die Luft abschnürt und Ihnen die Stimme verschlägt. Bleibt die Muskulatur dagegen locker und entspannt, dann fließen die Energien ungehindert durch diesen Engpaß und gelangen in das Schaltzentrum Gehirn, wo sie zum Funktionieren des gesamten Organismus und zum persönlichen Wohlbefinden beitragen. Im Hals- und Nackenbereich verlaufen zahlreiche Meridiane. In der Mitte befindet sich das Lenker-Gefäß; zu seinen Seiten der Blasen-, der Drei-Erwärmer- und der Dickdarm-Meridian. Zusätzlich machen sich negative Gefühle, die sich durch diese enge Passage zwängen, als Spannungen bemerkbar (Abb. 8–35).

Negative Gefühle:	Organ und zugeordnetes Nebenorgan:
Ärger	Leber und Gallenblase
Furcht	Niere und Blase
Kummer	Lunge und Dickdarm
Rastlosigkeit	Herz, Dünndarm und Drei-Erwärmer
Sorgen	Milz, Magen und Bauchspeicheldrüse

1. Schilddrüse und Nebenschilddrüse

Im Hals sind Schilddrüse und Nebenschilddrüse gelegen, Sitz des Mutes und der Stimmkraft. Verspannungen in diesem Bereich können auf emotionale Unausgeglichenheit zurückzuführen sein; so entstehen Unruhe und Nervosität oft aus negativen Stimmungen wie Wut, Furcht und Traurigkeit (Abb. 8–36).

Abb. 8–35

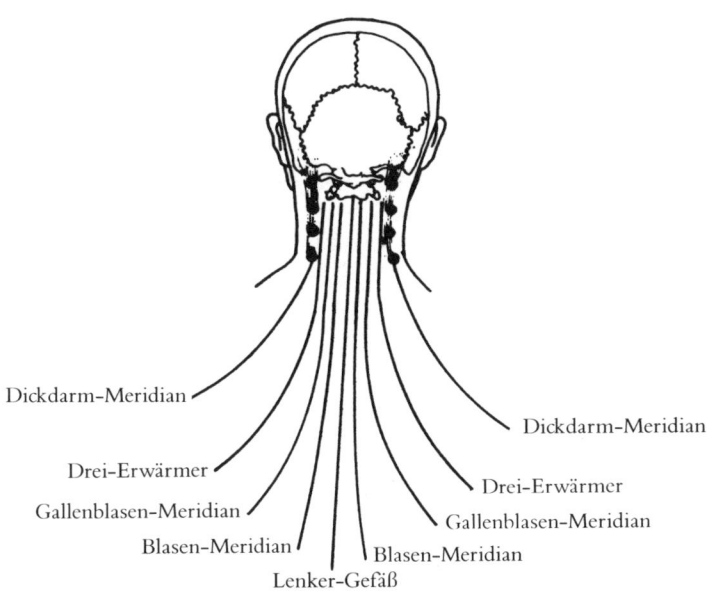

Dickdarm-Meridian
Drei-Erwärmer
Gallenblasen-Meridian
Blasen-Meridian
Lenker-Gefäß

Dickdarm-Meridian
Drei-Erwärmer
Gallenblasen-Meridian
Blasen-Meridian

Meridiane und Massagepunkte im Nacken

Abb. 8–36

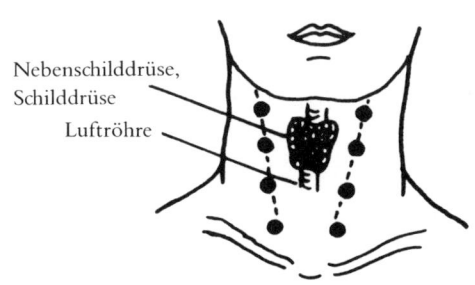

Nebenschilddrüse, Schilddrüse
Luftröhre

Vorderseite des Halses

2. Energie in den Händen sammeln

Bringen Sie Chi in Ihre Hände und ziehen Sie den vorderen Bereich des Afters zusammen.

3. Massage des Halses

Spreizen Sie den Daumen ab und umfassen Sie mit beiden Händen abwechselnd Ihren Hals. Streichen Sie rasch 9–36mal vom Kinn zum Halsansatz (Abb. 8–37).

Abb. 8–37

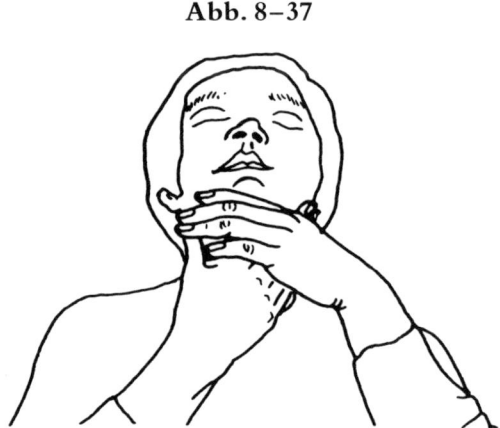

Streichmassage des Halses

4. Massage von Schilddrüse und Nebenschilddrüse

Streichen Sie abwechselnd rasch mit Ring-, Mittel- und Zeigefinger beider Hände vom Kinn zur Halsgrube und wiederholen Sie das 9–36mal. Massieren Sie anschließend sanft mit dem Daumen und den Fingern die Schilddrüse und die Nebenschilddrüse, die Sie unter der Hautoberfläche fühlen. Achten Sie auf empfindliche Stellen und massieren Sie diese, bis Sie fühlen, wie sie sich öffnen. Diese Massage regt den Stoffwechsel an und kräftigt die Stimme und erhöht Ihre Ausdrucksfähigkeit.

5. Schildkrötenhals

Ziehen Sie das Kinn an, dann schieben Sie es nach vorn und schließlich strecken Sie es nach oben. Fühlen Sie, wie die Halswirbel zunächst aufeinandergepreßt und dann auseinandergezogen werden. Bei dieser Übung lockern und entspannen sich die Wirbel und Bandscheiben Ihres Nackens (Abb. 8–38). Wiederholen Sie diese Übung mindestens dreimal.

Abb. 8-38

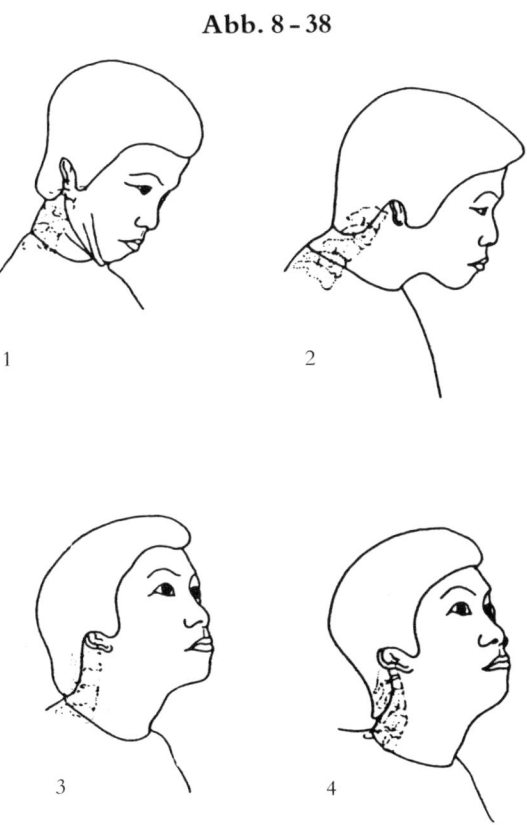

Schildkrötenhals

6. Kranichhals

Schieben Sie Ihr Kinn nach vorn, drehen Sie es heraus, dann nach unten, nach oben und wieder heraus. Fühlen Sie, wie Ihre Halswirbelsäule gedehnt und zusammengezogen wird (Abb. 8–39). Wiederholen Sie diese Übung mindestens dreimal.

Abb. 8-39

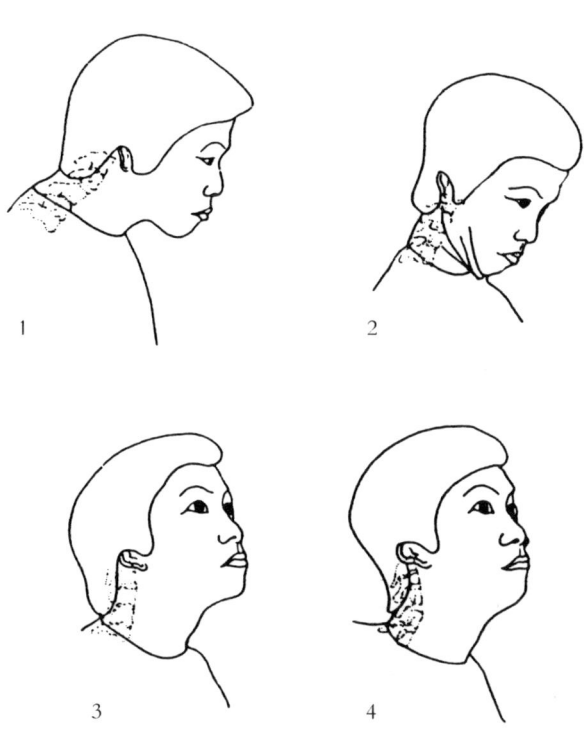

Kranichhals

7. Meridianmassage am Nacken

Lokalisieren Sie die Meridianverläufe im Nacken (Abb. 8–35). Beginnen Sie mit der Massage auf der Höhe der Schultern und gehen Sie aufwärts bis zur Schädelbasis. Nach der intensiveren Massage durch Fingerdruck gehen Sie zur Klopfmassage mit der Faust über. Behandeln Sie eine Linie nach der anderen. Achten Sie auf schmerzende Punkte und pflegen Sie diese, bis Sie Erleichterung fühlen. Diese Massage lindert Verspannungen im Nacken und baut Giftstoffe ab, die als Ursache aller Arten von Kopfschmerzen in Frage kommen (Abb. 8–40).

Abb. 8–40

Klopfmassage des Nackens

K. Schulterübung

Viele Menschen klagen darüber, daß sie abgespannt und gereizt sind und daß ihre Schultern verspannnt und dauernd hochgezogen sind. Zum Abbau der Spannungen ziehen Sie die Schultern so weit hoch, bis ihr Hals verschwindet und spannen Sie Hals-, Nacken- und Schultermuskulatur fest an. Verbleiben Sie eine Weile in dieser Haltung, atmen Sie dann tief aus, und lassen Sie die Schultern abrupt fallen, von der Schwerkraft wie von Gewichten nach unten gezogen. Fühlen Sie dabei, wie Kummer, Sorgen und alle Belastungen von Ihnen abfallen, wie Sie wieder sicher und fest mit der Erde verwachsen sind. Wiederholen Sie die Übung drei- bis neunmal (Abb. 8–41). Sitzen Sie danach noch einen Moment ruhig, entspannen Sie die Schultern, bei jedem Ausatmen lassen Sie noch mehr los, bis Sie sich völlig entspannt und sorgenfrei fühlen.

Abb. 8–41

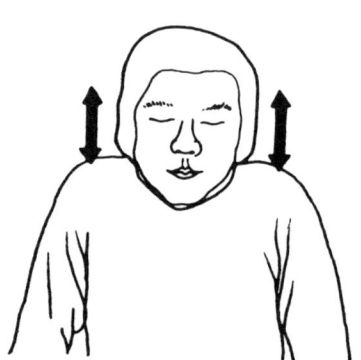

Schulterübung zum Abbau von Spannungen und Sorgen

9. KAPITEL

Entgiftung der Organe und Drüsen

Leichte Klopfmassage der Organe und Drüsen löst Schlacken und toxische Ablagerungen und fördert den Kreislauf und die Versorgung mit Chi.
Die Erfahrung hat gezeigt, daß zahlreiche chronische Leiden, die sich gegen allopathische Behandlung resistent erwiesen, durch leichte klopfende und trommelnde Bewegungen erfolgreich zu behandeln sind.

A. Die Thymusdrüse

Diese Drüse reguliert das Immunsystem und trägt zur Regeneration des Organismus bei. Ihr ist Langlebigkeit zugeordnet. Im allgemeinen schrumpft die Thymusdrüse nach der Wachstumsphase und wandelt sich in einen Fettkörper. Auf den höheren Stufen taoistischer Meditation kann die Drüse wieder zur Hormonproduktion angeregt werden, und sie trägt dann entscheidend zum gesundheitlichen Wohlbefinden und zur spirituellen Entwicklung bei.
1. Sammeln Sie, wie beschrieben, Energie in Ihren Händen. Ziehen Sie den vorderen Bereich des Afters zusammen und senden Sie Chi zur Thymusdrüse.
2. Atmen Sie ein und beklopfen Sie mit der Faust das Brustbein von den Schlüsselbeinen bis hinab auf die Höhe der Brustwarzen. Machen Sie das sechs- bis neunmal. Sie sollten dabei nicht sprechen, sonst könnten Sie sich Schaden zufügen (Abb. 9–1).

Abb. 9–1

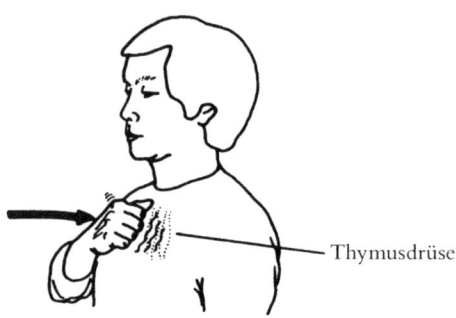

Klopfmassage der Thymusdrüse

Abb. 9–2

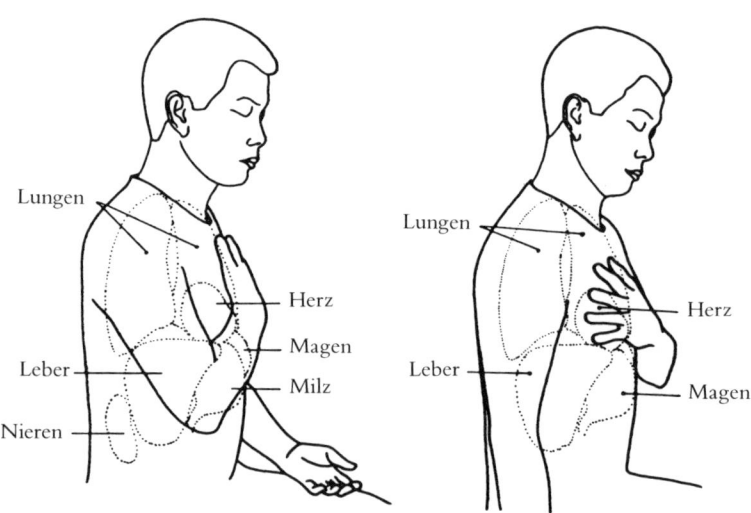

Klopfmassage für Herz, Lungen und Leber

B. Das Herz

Das leichte Klopfen unterstützt die Kräftigung und Regeneration des Organgewebes; achten Sie aber bitte darauf, daß die Intensität der Massage dem Organ angemessen ist, und vermeiden Sie auf jeden Fall zu starkes Klopfen oder Schlagen.
1. Sammeln Sie Energie in Ihren Händen. Ziehen Sie den linken Bereich des Afters zusammen und lenken Sie Chi zum Herzen.
2. Klopfen Sie mit der Handfläche sechs- bis neunmal auf Ihr Herz. Klopfen Sie nur leicht und sprechen Sie nicht! (Abb. 9–2)

C. Die Lungen

1. Sammeln Sie Energie in Ihren Händen. Spannen Sie den rechten Bereich des Afters an und lenken Sie Chi in die Lungen.
2. Schlagen Sie sechs- bis neunmal leicht mit der Handfläche auf die rechte Lungenregion. Sprechen Sie nicht!
3. Wenn Sie die linke Lunge massieren, bereiten Sie sich wie üblich vor, aber spannen Sie den linken Bereich des Afters an. Schlagen Sie sechs- bis neunmal leicht mit der Handfläche auf die linke Lungenregion. Sprechen Sie nicht!

Diese Übungen reinigen Ihre Lungen und tragen vor allem zum Schleimauswurf bei (Abb. 9–2).

D. Die Leber

1. Sammeln Sie Energie in den Händen. Spannen Sie den rechten Bereich des Afters an und lenken Sie Chi zur Leber.
2. Klopfen Sie mit der Handfläche den rechten Oberbauch unterhalb des Brustkorbes. Sprechen Sie nicht und wiederholen Sie den Vorgang sechs- bis neunmal. Mit diesen leichten Erschütterungen lösen und bauen Sie abgelagerte Schadstoffe ab (Abb. 9–2).

E. Magen, Milz und Bauchspeicheldrüse

1. Sammeln Sie Energie in Ihren Händen und ziehen Sie die Aftermitte zusammen.

2. Ziehen Sie dann den rechten Bereich des Afters zusammen und klopfen Sie auf Milz, Bauchspeicheldrüse und Magen. Legen Sie eine Hand auf die andere und reiben Sie den Oberbauch unter dem Brustkorb sechs- bis neunmal von der Mitte nach links und sechs- bis neunmal von links zur Mitte (Ab. 9–3).

Abb. 9–3

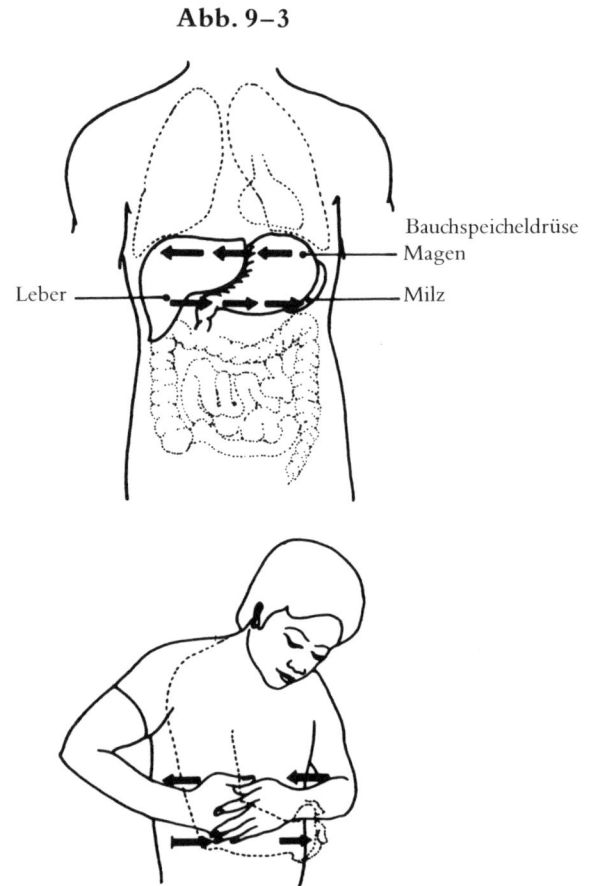

Massage von Leber, Magen und Milz in beiden Richtungen

F. Dickdarm und Dünndarm

1. Sammeln Sie Energie in den Händen und spannen Sie den gesamten After an.

2. *Massage des Dünndarms*
Legen Sie die Hände aufeinander und reiben Sie sechs- bis neunmal in kleinen Kreisen um Ihren Bauchnabel: erst im Uhrzeigersinn, dann gegen den Uhrzeigersinn.
Der Dünndarm ist der längste Abschnitt im Magen-Darm-System. Schlechte Eßgewohnheiten, zu heiße Mahlzeiten, zu viele Milchprodukte oder zu wenig Ballaststoffe führen dazu, daß die Darmwände mit Schleim verkleben, was die Aufnahme von Nährstoffen verhindert und die gesamte Verdauung verlangsamt. Die sich absetzenden Schleimsubstanzen verklumpen und behindern die natürliche Darmperistaltik.

3. *Massage des Dickdarms*
Legen Sie die Hände aufeinander und massieren Sie den Bauch in einem großen Kreis. Beginnen Sie unten rechts und reiben Sie nach oben (sechs- bis neunmal) im Uhrzeigersinn. Diese Massage regt den Energiefluß im Dickdarm an und hilft gegen Verstopfung.
Wenn Sie an Durchfall leiden, massieren Sie (sechs- bis neunmal) gegen den Uhrzeigersinn.
Bei normalem Stuhlgang massieren Sie in beide Richtungen. Die kreisenden Massagen regen die Aufnahme von verdauten Nahrungsbestandteilen an und lösen Verschleimungen an der Darmwand auf (Abb. 9–4 und 9–5).

Abb. 9–4

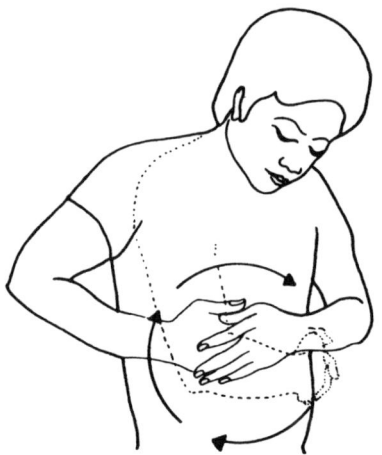

Massage des Magen-Darm-Systems

Abb. 9–5

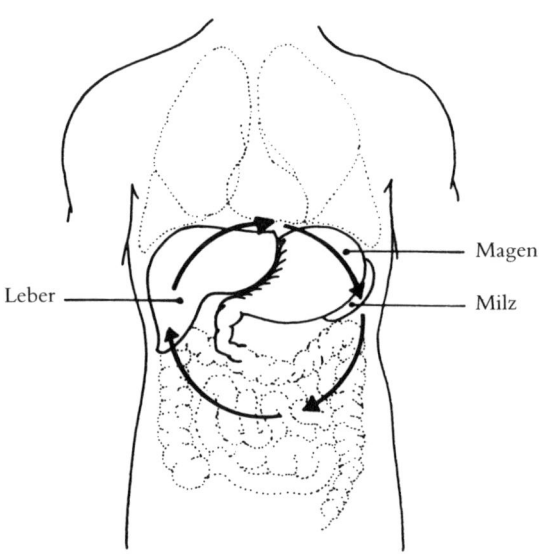

Kreisförmige Bauchmassage

G. Die Nieren

Die Nieren sichern die konstante Zusammensetzung der Körpersäfte, indem sie Endprodukte des Stoffwechsels und körperfremde Stoffe mit dem Harn ausscheiden. Durch falsche Lebensweise häufen sich Stoffwechselschlacken in den Nieren an und beeinträchtigen ihre Funktion. Durch Klopfmassage der Nierenregion werden solche Schlakken gelöst und ausgeschieden und dadurch Nierenschäden verhindert.

1. Sammeln Sie Energie in den Händen und spannen Sie die linke und rechte Seite des Afters an.
2. Ertasten Sie die Lage der beiden Organe links und rechts der Wirbelsäule, unterhalb der letzten Rippe. Schlagen Sie abwechselnd mit beiden Faustrücken auf die Nieren. Achten Sie darauf, daß Sie nicht zu fest schlagen. Mit dieser Behandlung werden Sedimente, Harnsäurekristalle und Nierengrieß gelöst, die Nieren gekräftigt und Rückenschmerzen gelindert.

Abb. 9–6

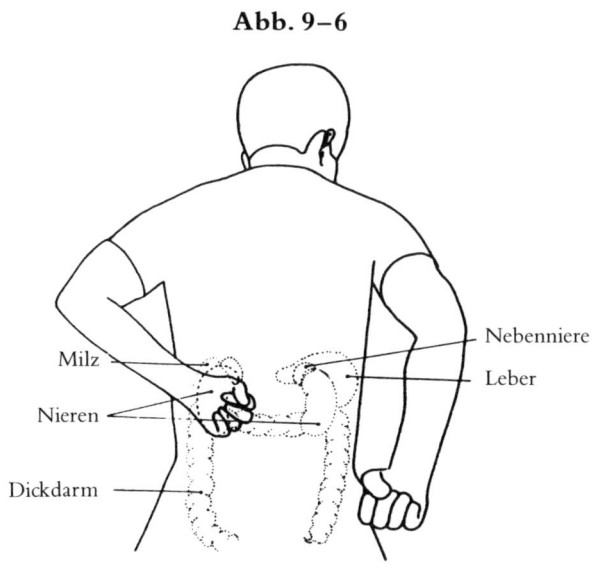

Klopfmassage zur Reinigung der Nieren

3. Reiben Sie Ihre Hände, bis sie gut durchwärmt sind, und reiben Sie nun mit den Handflächen über den Nieren auf und ab, bis Sie hier ebenfalls intensive Wärme fühlen.

H. Das Kreuzbein

Nach taoistischer Lehrmeinung gilt das Kreuzbein als besonders wichtig. Es wirkt als Pumpe, die Rückenmarksflüssigkeit und Chi zum Gehirn hinaufbefördert. Im Kreuzbein laufen außerdem Energiebahnen zusammen, die aus den Sexualorganen, dem Mastdarm und den Beinen kommen.

Ischias, d. h. Schmerzen, die über die Außenseite des Oberschenkels in den Fuß ziehen, geht von diesem Bereich aus. Regelmäßige Massagen des Kreuzbeins wirken vorbeugend gegen Ischias.

1. Sammeln Sie Energie in den Händen, kontrahieren Sie den After in Richtung Kreuzbein.
2. Schlagen Sie mit den Knöcheln Ihrer Fäuste abwechselnd auf beide Hälften des Kreuzbeins. Beginnen Sie die Klopfmassage bei den acht Kreuzbeinlöchern und behandeln Sie dann den Kreuzbeinspalt, eine Vertiefung am unteren Ende des Kreuzbeins (Abb. 9–7).

Abb. 9–7

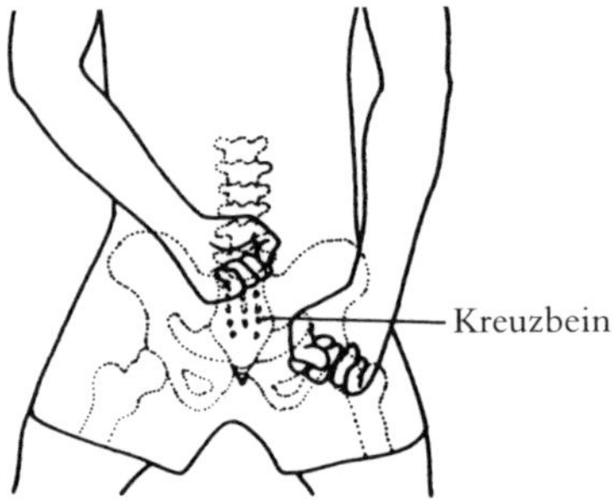

Klopfmassage für den Ischiasnerv

10. KAPITEL

Kniegelenke und Füße

A. Beseitigung von Ablagerungen im Knie

In den unteren Extremitäten kommt es leicht zu störenden und schmerzenden Ablagerungen, was u. a. auf die verminderte Durchflußgeschwindigkeit des Blutes in den Venen zurückzuführen ist. Am häufigsten treten solche Ablagerungen in den Kniekehlen auf. Durch Klopfmassagen können die Schlacken dort gelöst werden. Der Körper wird sie über Harn, Kot und Schweiß ausscheiden.

1. Sammlung von Chi in den Händen
Bringen Sie Chi in Ihre Hände, wie es im 7. Kap. ausführlich beschrieben ist. Der After wird jedoch nicht kontrahiert.

2. Massage der Kniekehlen
Heben Sie Ihr Bein und stützen Sie es auf einem Stuhl oder niedrigen Tisch so ab, daß es gestreckt ist, oder stellen Sie es gestreckt auf den Boden. Schlagen Sie neun- bis achtzehnmal kräftig gegen die Kniekehle (Abb. 10–1).

Die Schläge werden eventuell schmerzhaft sein, aber sie tragen ganz beträchtlich zum Abbau der Schlacken und Schadstoffe bei. Die Wirkung zeigt sich durch auftretende rote Flecken. Schlagen Sie kräftig, aber auch nicht zu stark. Nehmen Sie die gleiche Behandlung an der anderen Kniekehle vor.

3. Massage der Kniescheiben
Massieren Sie die Kniescheiben, bis sie kräftig warm sind. Dieser Bereich wird nur mäßig durchblutet und ist im allgemeinen sehr empfindlich. Durch Massage können Sie ihn kräftigen. Wiederholen Sie die Behandlung an der anderen Kniescheibe.

Abb. 10–1

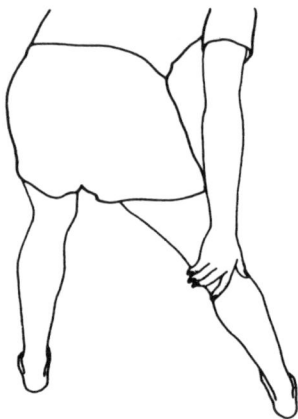

Energisches Schlagen gegen die Kniekehlen löst Schlacken und Giftstoffe

4. *Steigerung der Beweglichkeit der Kniescheiben*
Entspannen Sie das Knie und bewegen Sie dann mit beiden Händen die Kniescheibe auf und ab, nach links und rechts und abschließend kreisförmig im Uhrzeigersinn sowie gegen den Uhrzeigersinn (Abb. 10–2).

Abb. 10–2

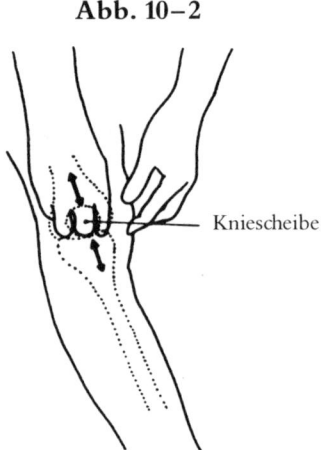

Kniescheibe

Die Kniescheiben beweglich erhalten

5. Massage des gesamten Kniegelenks

Stürze lassen sich in vielen Fällen auf schwache Kniegelenke zurückführen. Durch Chi-Massage des gesamten Gelenks können Sie seine Stabilität und Beweglichkeit erhalten und stärken.

B. Die Füße – die Wurzeln Ihres Körpers

Kräftige Füße und Sehnen sind wichtig für festen Stand; zudem verbinden sie uns mit den heilenden Energien der Erde. Sämtliche Körperteile, alle Organe und Drüsen befinden sich als Reflexzonen auf den Füßen. Über diese Reflexzonen kann man wie über eine Fernsteuerung bestimmte Organe und Drüsen beeinflussen oder den Kreislauf anregen (Abb. 10–3).

Abb. 10–3

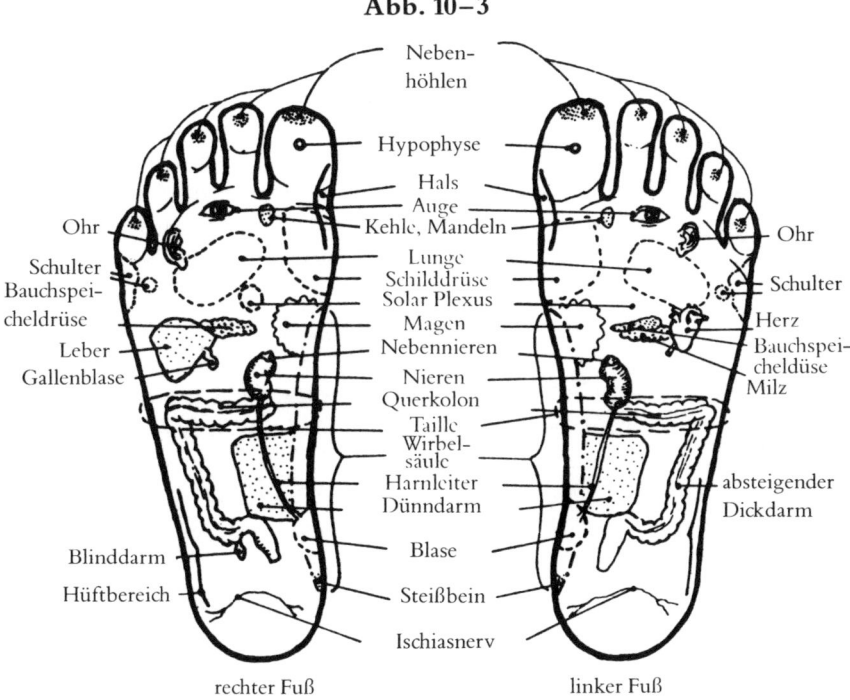

Die Fußreflexzonen

1. Sammeln von Chi in den Händen

Wenden Sie das bereits bekannte Verfahren an; sie brauchen jedoch nicht den After anzuspannen.

2. Fußmassage

Ziehen Sie Schuhe und Strümpfe aus. Massieren Sie die Ober- und Unterseite jeweils eines Fußes mit Daumen und Fingern. Vergessen Sie nicht den Nierenpunkt N 1, «Sprudelnde Quelle», an der Fußsohle. Dieser gegen Druck empfindliche erste Punkt des Nierenmeridians ist leicht aufzufinden: am Ende des ersten Drittels der Fußlänge auf der Längslinie, die zwischen 2. und 3. Zeh beginnt (Abb. 10–4). In den Fußsohlen verlaufen Energieleitbahnen, die über den gesamten Körper reichen. Achten Sie dort auf schmerzende Abschnitte und massieren Sie diese, bis der Schmerz verschwindet; auf diese Weise stellen Sie den ungehinderten Chi-Fluß im ganzen Körper wieder her. Wenn Sie wenig Zeit haben, massieren Sie einfach die Oberseite des einen Fußes mit der Sohle des anderen. Beginnen Sie am hinteren Teil des Fußes und arbeiten Sie sich zu den Zehen vor. Dann wechseln Sie die Füße.

3. Zehenmassage

Nehmen Sie einen Fuß und spreizen Sie mit beiden Händen einen Zeh nach dem anderen voneinander ab. Machen Sie das bei jedem Zeh sechs- bis neunmal. Beschäftigen Sie sich intensiv mit den kleinen Zehen. Diese Behandlung erweist sich besonders wirkungsvoll für die Stärkung der Fußsehnen (Abb. 10–5).

4. Massage der ersten beiden Zehen

Reiben Sie den großen und den zweiten Zeh schnipsend aneinander; üben Sie das, wann immer es Ihnen in den Sinn kommt.

Abb. 10–4

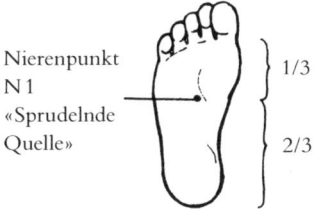

Nierenpunkt
N 1
«Sprudelnde
Quelle»

1/3

2/3

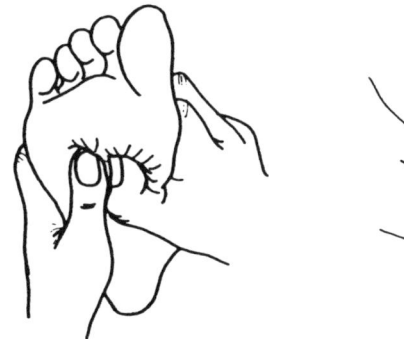

Massage von N 1 (Sprudelnde Quelle)

Abb. 10–5

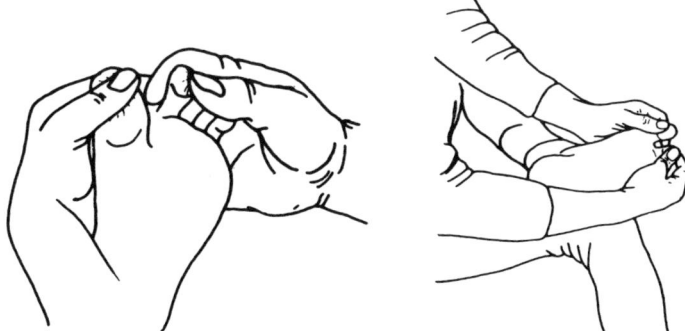

Zehenmassage

5. Reiben der Füße aneinander

Um die Füße zu erwärmen, reiben Sie sie schnell aneinander (wie die Hände). Damit regen Sie gleichzeitig alle Organe an.

11. Kapitel

Verstopfung

A. Verstopfung – ein kritischer Streßfaktor

Der Schlüssel zur Gesundheit liegt im Dickdarm (Abb. 11–1). Viele Mediziner sind der Ansicht, daß rund 90 % aller Leiden und Krankheiten auf Verstopfung und schlechtes Funktionieren des Dickdarms zurückzuführen sind. Insbesondere die heute übliche Nahrung ist für fast alle Krankheiten dieses Bereichs verantwortlich. Konservierte Lebensmittel, ein geringer Anteil an Ballaststoffen, zu wenig frisches Obst und Gemüse – all das führt letztlich zu einem Mangel an Chi. Weil die körpereigenen Energien nicht mehr ausreichen, um Säfte und Subsysteme in Bewegung zu halten, lassen auch die Organe in ihrer Leistung nach. Der Magen gibt die aufgenommene Nahrung nicht ausreichend aufbereitet weiter. Der Dünndarm kann den Nahrungsbrei nur ungenügend verdauen und die lebenswichtigen Substanzen nur unvollständig über die Darmwände aufnehmen. Der Dickdarm dickt die unverdaulichen Nahrungsreste nur zögernd ein und befördert sie zu langsam weiter, und der Mastdarm besitzt nicht genügend Kraft zur Entleerung.

Wenn die unverdaulichen Nahrungsreste zu lange im Dickdarm verbleiben, gelangen Giftstoffe in den Körper. Diese erschweren zunächst die Arbeit der Leber, die ihrerseits mit negativen Emotionen wie Ärger, Reizbarkeit und Angst auf die Überlastung reagiert.

Außerdem wird die Zusammensetzung des Blutes beeinflußt, das all die Schlacken und Giftstoffe zu den anderen Organen transportieren muß. Diese werden dadurch ebenfalls in ihrer Funktion behindert und tragen so zur allgemeinen Erschöpfung und Nervosität bei.

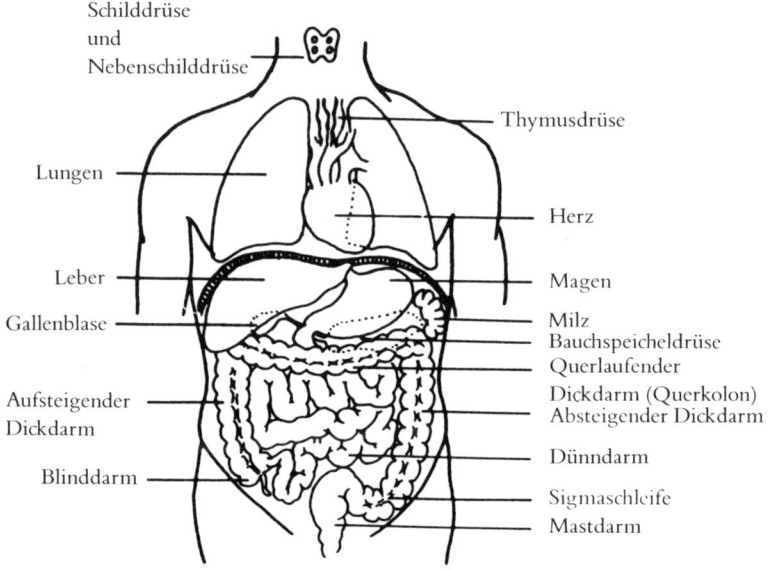

Abb. 11–1

Innere Organe und Eingeweide

B. Verstopfung als Ursache von Hemmungen und Kontaktarmut

Menschen, die unter Hemmungen und Mißtrauen leiden, sind oft auch geizig und können sich nur schwer von allerlei unnützem Kram trennen. Sie lassen nichts von dem, was Sie im Inneren bewegt, nach außen dringen und fühlen sich schnell falsch verstanden und zurückgesetzt. Diese nachteiligen Persönlichkeitsmerkmale lassen sich oft auf chronische Verstopfung zurückführen, andererseits sind sie häufig der Grund für eine chronische Verstopfung. Zur Behandlung dieser Art von psychosomatischer Verstopfung ist es wichtig, die täglichen Probleme unmittelbar und verständnisvoll anzugehen; durch die Lösung seelischer Blockaden kommt auch gestautes Chi wieder zum Fließen. Viele Leute lernen heute frei und offen über das zu sprechen, was sie stört und was sie möchten; aber ihnen mangelt es meist an Takt und Verständnis, um die Probleme auch lösen zu können. Es wird also klar, daß der Wille allein zur Heilung nicht ausreicht, sondern daß seelische Ruhe und Ausgeglichenheit eine ebenso wichtige Rolle spielen. Hat man in sich Frieden geschaffen, kann man auch seine Schwierigkeiten friedlich bewältigen.

C. Verstopfung als Ursache vorzeitiger Alterserscheinungen

Alle Schlacken und Giftstoffe, die der Organismus nicht abbaut, lagern sich ab und belasten Ihr körperliches und seelisches Befinden: Ihre Haut wird rauh und unsauber, Ihr Nacken und Ihre Schultern schmerzen, und an anderen Körperstellen zeigen sich Verhärtungen. Allein schon das Gefühl, das ein gesunder, funktionierender Dickdarm vermittelt, trägt zum ungehinderten Fließen des Chi bei und erlaubt Ihnen, den Tag frei und unbelastet zu verbringen.

D. Bauchmassage – eine wirkungsvolle Heilmethode

Die Bauchmassage hat sich als eines der erfolgreichsten Mittel gegen Verstopfung erwiesen. In der Anfangszeit einer solchen Behandlung werden Sie dunkel und wolkig verfärbten Stuhlgang haben. Die Verfärbung ist ein gutes Zeichen dafür, daß seit langer Zeit anhaftende Stoffe von den Darmwänden abgestoßen werden.

Wenn Sie das Bedürfnis verspüren, suchen Sie sogleich die Toilette auf. Unterdrücken Sie Ihren natürlichen Drang nicht, bis er wieder vergangen ist, und gewöhnen Sie sich nicht an, alles auf den folgenden Tag zu verschieben. Es sollte Ihnen zur Gewohnheit werden, sich regelmäßig und möglichst nach dem Aufstehen zu entleeren.

Massieren Sie Ihren Leib unmittelbar vor dem Einschlafen und gleich nach dem Aufwachen. Ihr Körper wird sich schnell auf die

Massagen einstellen und regelmäßig mit Darmbewegungen reagieren.

1. Dickdarmmassage

Reiben Sie Ihre Hände, bis sie gut durchwärmt sind, und beginnen Sie dann die Massage von Dickdarm und Mastdarm. Fangen Sie unten rechts an, massieren Sie die rechte Seite hinauf, dann hinüber auf die linke Seite und dort hinunter.
Dann massieren Sie Ihren Leib neun- bis achtzehnmal in Uhrzeigerrichtung. Achten Sie auf schmerzende Stellen oder Verhärtungen; intensivieren und dehnen Sie die Behandlung solcher Stellen so lange aus, bis das schmerzende Gefühl nachläßt bzw. die Stelle wieder nachgiebig und elastisch ist. Stellen Sie sich während der Massage vor, wie Ihr Chi den Bewegungen und Windungen des Dickdarms folgt (Abb. 11–2).

Abb. 11–2

Massage des Dickdarms

2. Dünndarmmassage

Bevor Sie die Massage beginnen, grenzen Sie die Bauchfläche rechts und links in je drei Zonen ab. Massieren Sie mit Mittel- und Zeigefinger in kreisförmigen Bewegungen. Fangen Sie jeweils bei der linken Linie einer Zone an, massieren Sie drei- bis neunmal aufwärts, abwärts und nochmals aufwärts; anschließend behandeln Sie den nächsten Streifen (Abb. 11–3).

Achten Sie auf schmerzhafte Stellen sowie Verdickungen und Verhärtungen im Gewebe; massieren Sie im Uhrzeigersinn und dann gegen den Uhrzeigersinn, bis sich diese Stellen wieder nachgiebig und elastisch anfühlen. Wenn Sie in letzter Zeit am Bauch operiert worden sind, seien Sie bitte vorsichtig; regulieren Sie den Massagedruck nach Ihrem Gefühl. Zur Erleichterung der Stuhlentleerung können Sie sich den Bauch auch massieren, während Sie auf der Toilette sitzen.

Abb. 11–3

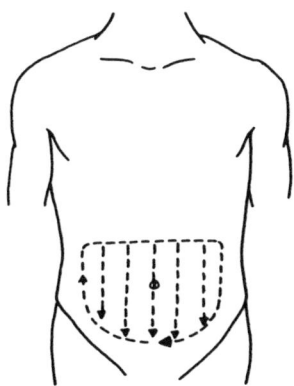

Aufteilung der Bauchfläche in drei Zonen

12. KAPITEL
Das tägliche Übungsprogramm

A. Der Weg zu guter Gesundheit

Der einzige, im taoistischen Sinne erfolgreiche Weg zu guter Gesundheit führt über ein durchdachtes und vielseitiges Übungsprogramm. Die tägliche Anwendung dient vornehmlich dem Zweck, ein Leben lang von allen möglichen Krankheiten und Leiden unbehelligt zu bleiben.

In der heutigen Zeit haben wir uns schon allzusehr daran gewöhnt, Einweisungen ins Krankenhaus, psychiatrische Behandlung und Arztbesuche als etwas Normales zu betrachten; für sämtliche Sparten des sogenannten Gesundheitswesens werden in den westlichen Industriestaaten im Vergleich aller privaten und staatlichen Aufwendungen die höchsten Summen ausgegeben.

Es gilt dagegen schon als Überraschung oder Ausnahme, einem kerngesunden Menschen zu begegnen, der weder von Medikamenten noch von anderen Angeboten der Gesundheitsfürsorge abhängig ist. Auch Sie könnten, und besonders im Alter, mit Sicherheit zu den vitalen und widerstandsfähigen Menschen gehören, wenn Sie nur wüßten, wie man den Organismus gesund und leistungsfähig erhält.

Die taoistischen Gesundheitsübungen haben sich seit Jahrtausenden als erfolgreiche Methode erwiesen, und die taoistischen Meister waren bekannt für ihre hohe und nie nachlassende Leistungsfähigkeit. Ein Geheimnis bei der Selbstbehandlung und Selbstheilung besteht darin, negative Emotionen in positive umzuwandeln. Wenn Sie negative Stimmungen und Phasen erfolgreich überwinden wollen, muß Ihnen klar werden, daß Sie einen Teil Ihrer Zeit für taoistische Übungen freihalten müssen. Ihre Gesundheit ist Ihr größtes Kapital. Gewöhnen Sie sich deshalb an, ein tägliches Programm taoistischer Übungen einzuhalten – mit der gleichen Regelmäßigkeit, mit der Sie täglich die Zähne putzen oder essen und trinken. Seien Sie nicht enttäuscht, wenn sich nicht sogleich sichtbare Erfolge einstellen; befolgen Sie beharrlich und unbeirrbar, was Sie für sich als richtig und angemessen erkannt haben. Unvermittelt wird das Wunder da sein. Sie werden kaum noch unter Erkältungen leiden, nie mehr zum Arzt gehen und keine Medikamente mehr einnehmen. Kurzum, Sie werden gesünder, leistungsfähiger und psychisch stabiler sein als je zuvor.

B. Übungszeiten

Nachdem Sie die einzelnen Übungen und Massagetechniken erst einmal erlernt haben, kommen Sie pro Tag mit 10 Minuten Übungszeit aus. Wenn Sie in Eile sind, dann belassen Sie es bei einem morgendlichen Minimalprogramm: Lächeln, Bürsten der Kopfhaut, eine Träne, Massage von Gesicht und Hals, Abklopfen von Thymusdrüse und Nieren, Massage der Kniekehlen und Frottieren der Füße. Sie werden in Ihrem Tagesplan schnell viele kleine Pausen ausfindig machen, in denen Sie taoistische Übungen und Selbstmassage betreiben können. Massieren Sie Ihre Hände und Finger, wenn Sie irgendwo Schlange stehen, auf jemanden warten, im Auto mitfahren oder eine Zeitung oder Zeitschrift lesen. Ihnen wird bald auffallen, wie sich Ihr Gesundheitszustand durch die täglichen Übungen zusehends verbessert.

C. Der Start in den Tag

Nach einer alten taoistischen Weisheit soll man am Morgen sein Herz öffnen, bevor man die Augen aufschlägt. Springen Sie nach dem Aufstehen nicht gleich aus dem Bett, denn dadurch würden Sie die «Seelen» Ihrer Organe unsanft aus ihrer Ruhe reißen. Bedenken Sie, daß sich während des Schlafes auch die Organe zur Ruhe begeben, und daß Sie ihnen eine kurze Weile zum Munterwerden zugestehen sollten. Wenn also die «Seelen» ihrer Organe den Tag in Harmonie beginnen, dann werden auch Ihre Organe heiter und entspannt ihre Arbeit aufnehmen und Ihr Chi wird gleichmäßig und ungehindert fließen (Abb.12–1).

Abb. 12–1

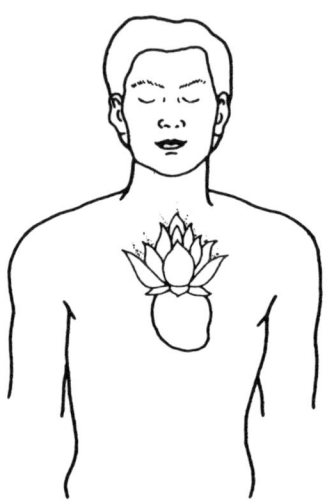

Öffnen Sie Ihr Herz, bevor Sie die Augen aufschlagen

D. Das allmorgendliche Innere Lächeln

Diese im 2. Kap. dargestellte Entspannungstechnik sollten Sie jeden Morgen üben und so Ihrem Körper gleich zu Beginn des Tages zu verstehen geben, daß Sie ihn schätzen und lieben.

Beginnen Sie damit, Ihr Energieniveau zu überprüfen: Lassen Sie die Augen geschlossen und legen Sie die Handflächen auf die Nabelgegend. Männer legen die rechte Handfläche unter die linke; Frauen umgekehrt. Konzentrieren Sie Ihre Aufmerksamkeit auf die Nabelgegend, bis Sie dort ein Gefühl der Wärme empfinden (Abb.12–2).

Abb. 12-2

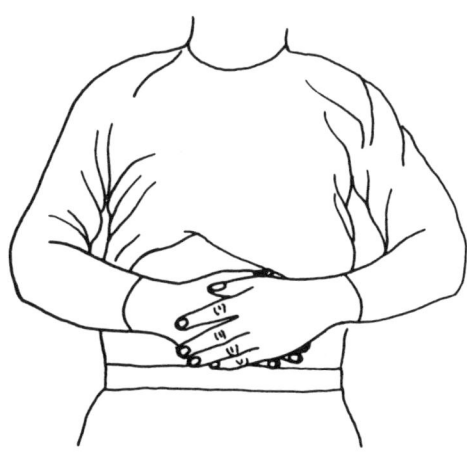

Energiekontrolle

Nun beginnen Sie mit der vorderen Körperlinie und lächeln in die Organe (Herz, Leber, Nieren, Bauchspeicheldrüse, Milz und Geschlechtsorgane).

Fahren Sie fort mit der Übung und richten Sie lächelnd Ihre Aufmerksamkeit auf die mittlere Körperlinie, d. h. aufs Verdauungssystem.

Zum Abschluß lächeln Sie dann noch in die hintere Körperlinie (Gehirn und Wirbelsäule).

Lächeln Sie jeweils so lange, bis Sie gewiß sind, daß Ihr Lächeln bis ans Ende der jeweiligen Körperlinie gelangt ist und daß Schmerzen und Spannungen aus dem Weg geräumt sind.

Wenn Sie feststellen müssen, daß sich die Energie Ihres Lächelns nur schwer zum Fließen bringen läßt, dann bedeutet das, daß sich Ihre Energien – körperlicher, seelischer und geistiger Art – in einem Tief befinden. An solchen Tagen sollten Sie sich durch das niedrige Energieniveau – unübersehbares Zeichen ungünstiger biorhythmischer und astrologischer Konstellationen – warnen lassen und in allen Ihren Aktivitäten sehr vorsichtig sein.

Wenn Sie die Techniken von Innerem Lächeln und Kleinem

Kreislauf gut beherrschen, dann kann es Ihnen gelingen, den Einfluß der negativen Faktoren in Grenzen zu halten. Dehnen Sie die Übungen so lange aus, bis Sie fühlen, wie die Energie des Lächelns deutlich zunimmt und schneller durch die Organe strömt.

E. Tägliche Reinigung der Energieleitbahnen

Wenn Sie beim Lächeln durch die Organe Hindernisse und Blokkierungen spüren, dann nehmen Sie sich Zeit für solche Regionen. Konzentrieren Sie Ihr Bewußtsein auf die Störstelle und lächeln Sie so lange, bis der Abschnitt befreit ist und Chi wieder unbehindert fließen kann.

Krankheiten künden sich im allgemeinen durch Energieblokkaden in Organen, Drüsen oder Hauptleitbahnen an. Wird der Durchfluß von Chi gestört, dann wird das betreffende Organ nicht mehr ausreichend mit Energie versorgt, und die Blutzufuhr und die Versorgung mit Nährstoffen lassen nach. Als Folge davon läßt die Funktionsfähigkeit des Organs bzw. der Drüse nach oder kommt ganz zum Erliegen.

Es existiert keine medizinische Diagnosetechnik und kein klinisches Meßgerät, mit denen Sie den Zustand Ihrer Energie so zuverlässig und genau erkennen können, wie durch die tägliche Beobachtung des Chi-Flusses. Wenn der Arzt an Ihnen eine Krankheit feststellt, kann der Wirkungsgrad des betroffenen Organs schon auf 10% abgefallen sein.

Der Kleine Kreislauf ist eine wirksame, preiswerte und zeitsparende Methode, Ihren Gesundheitszustand täglich zu kontrollieren und gegebenenfalls etwas zur Stärkung oder zur Prävention zu unternehmen.

F. Beseitigung angeschwemmter Giftstoffe

Ein entscheidender Schritt zu guter Gesundheit besteht darin, sich täglich von angesammelten Spannungen, Sorgen und Giftstoffen zu befreien, so daß diese sich nicht im Körper aufstauen können. Viele Leute fürchten sich täglich vor dem Aufstehen, weil sie sich jeden Morgen mut- und kraftlos fühlen und regelmäßig über allerlei Beschwerden und Wehwehchen klagen. Dieser Zustand ist die Folge von Giftstoffablagerungen im Körper. Die wirkungsvollste Abhilfe erreichen Sie mit der Bauchmassage, durch die Stauungen des Chi aufgelöst und Giftstoffe ausgeschieden werden.

Zuweilen kann es während der morgendlichen Massage zu Übelkeit und Erbrechen kommen, wenn Sie einen kritischen Punkt massieren. Das ist ein Zeichen dafür, daß die Giftstoffdepots verschwinden und das Organ wieder zu voller Leistungsfähigkeit zurückkehrt (Abb. 12–3 und 12–4).

Personen mit frischen oder noch nicht vollständig verheilten Operationsnarben im Magen-Darm-Bereich sollten sich bei der Bauchmassage sehr zurückhalten. Bei Schmerzen dürfen Sie nur vorsichtig mit der flachen Hand massieren.

Wenn Sie im Nabelbereich knoten- und klumpenförmige Verdickungen ertasten, dann handelt es sich sicher um verhärteten Darminhalt, der sich im Dickdarmbereich gestaut hat. Unterstützen Sie die Darmbewegung durch Massage und tragen Sie zur Ausscheidung solcher Rückstände und Giftstoffe bei. Besonders Personen, die unter niedrigem Energiespiegel leiden und nicht regelmäßig Bauchmassage betreiben, klagen häufig über Darmträgheit und Hartleibigkeit. Auch wenn Sie am Morgen nicht viel Zeit haben, dann massieren Sie sich noch soviel wie möglich im Bett. Vergessen Sie auch nicht die regelmäßige Bauchmassage vor dem Einschlafen.

Verstopfung gilt als eine Hauptursache für Energiestauungen im Bauchraum und kann zu Rückenschmerzen, Kopfweh, Magenleiden und Dickdarmkrebs führen. Deshalb ist regelmäßiger Stuhlgang eine wesentliche Voraussetzung für einen gesunden und funktionstüchtigen Verdauungstrakt.

Abb. 12–3

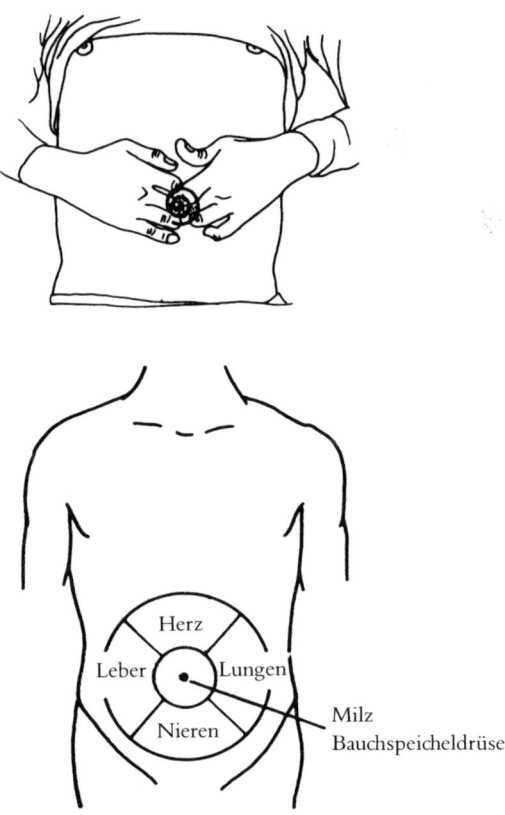

Massage der Nabelgegend zur Beseitigung abgelagerter Giftstoffe und angestauter Emotionen

Nach dem Entleeren des Darms sollten Sie den After sorgfältig reinigen (nach Möglichkeit mit Wasser oder angefeuchtetem Toilettenpapier). Massieren Sie dann die Steißbeinregion und die Umgebung des Afters. In diesem Körperbereich verlaufen viele Arterien und Venen, die sich schnell verengen oder verstopfen, was zur Bildung von Hämorrhoiden führen kann. Die regelmäßige Massage hilft Schlacken und Giftstoffe zu lösen und abzutransportieren und beugt gegen Hämorrhoiden vor.

Gewissenhaftes Umgehen mit den Ausscheidungsfunktionen ist ebenso wichtig wie die sorgfältige Zubereitung der Speisen.

Abb. 12–4

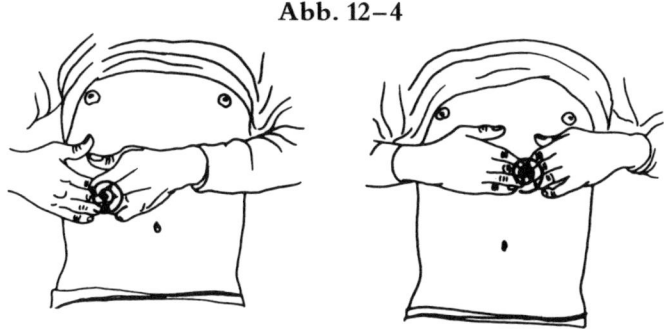

Ertasten Sie Knoten und Verdickungen im Bauch und massieren Sie sie weg

G. Reinigung der neun Öffnungen

Die taoistische Auffassung teilt die neun Öffnungen unseres Körpers in zwei Türen und sieben Fenster ein. Diese Ein- bzw. Ausgänge erlauben uns den Kontakt mit der Außenwelt; sie sind aber auch dazu eingerichtet, das Eindringen schädlicher Stoffe zu kontrollieren.

1. Die Vordertür – die Öffnung der Sexualorgane

Die Vordertür gilt als die Öffnung der schöpferischen Lebensenergie. Wenn Sie es verstehen, diesen Eingang zu überwachen und zu versiegeln, wird Ihnen der Vorrat an Lebensenergie länger zur Verfügung stehen.

2. Die Hintertür – das Tor der Verdauung

Unverdaute und unverdauliche Nahrung wird durch den After, die Hintertür, ausgeschieden. Wer sich gedankenlos und falsch ernährt, belastet dadurch seinen Organismus. Ein Großteil der aufgenommenen Nährstoffe wird nicht verdaut und ungenutzt zur Toilette getragen, so daß Ihre Toilette sich allmählich zum teuersten Möbelstück Ihrer Wohnung entwickeln kann.

3. Die sieben Fenster

Die Augen, die Ohren, die Nasenlöcher und der Mund werden als die sieben Fenster bezeichnet. Sie erfüllen die lebenswichtige Aufgabe, Information zu empfangen und auszusenden. Ein unsauberes und schwaches «Fenster» läßt allerdings weder etwas von draußen herein, noch hält es die Lebenenergie im Innern zurück.

Die sieben Fenster sind mit den verschiedenen Organen verbunden und dienen ihnen als Öffnung.

Die Augen als Fenster der Leber,
die Ohren als Öffnung der Nieren,
die Nasenlöcher als Ein- und Ausgänge der Lunge,
der Mund als Zugang zur Milz und
die Zunge als Öffnung des Herzens.

a. Die Augen
Die Reinigung der Augen gehört zu meinen bevorzugten Übungen am Morgen.

Bei der täglichen Wäsche verhalten sich viele Menschen gedankenlos und unaufmerksam; sie übersehen, wie wichtig körperliche Hygiene zur Erhaltung der Gesundheit ist.

Bei der Gesichtswäsche vergessen z. B. viele, auch die Augen zu spülen. Während des Aufenthalts im Freien geraten Schmutz- und Staubteilchen und alle Arten von Fasern in die Augen, reizen das Tränenpünktchen und verstopfen die Tränenröhrchen am inneren Augenwinkel. Vergessen Sie also nicht, den inneren Augenwinkel regelmäßig zu pflegen.

Spülen Sie die Augen mit kühlem, sauberem (evtl. abgekochtem) Wasser. Schütten Sie es in eine Schale, in die Sie Ihr Gesicht eintauchen können. Unter Wasser öffnen Sie die Augen und bewegen Sie die Augäpfel in alle Richtungen. Diese Augenwäsche beseitigt allen Staub und alle Fremdkörper und erfrischt und belebt den schlaftrunkenen Geist (Abb. 12–5).

Abb. 12–5

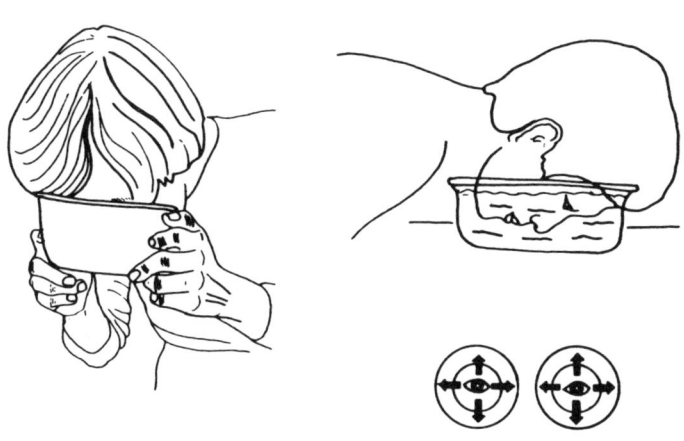

Reinigung von Augen und Nase

b. Die Nase
Die Nase ist die Öffnung, durch welche die Lebenskraft aus der Atmosphäre in den Körper eintritt. Abgehärtete und gesunde Nasenschleimhäute bilden aus diesem Grund eine wichtige Grundlage für unsere Vitalität.
Reinigen Sie die Nase, nachdem Sie die Augen gespült haben. Sie können die gleiche Schale wieder verwenden; aber achten Sie darauf, daß sie vor der neuen Verwendung gereinigt wird. Sie tauchen Nase und Gesicht in gleichfalls kühles und sauberes Wasser und atmen unter Wasser etwas ein. Wenn Ihre Nasenhöhlen mit Wasser gefüllt sind, drücken Sie es wieder hinaus. Zu Beginn werden Sie vielleicht Niesreiz verspüren oder das Wasser zu tief einsaugen und dann husten. Aber mit zunehmender Übung können Sie das Wasser in der Nase hochsaugen und durch den Mund hinauslassen.
Wenn Sie am Anfang nicht durch beide Nasenlöcher gleichzei-

tig Wasser aufnehmen können, dann halten Sie jeweils eine Nasenseite mit dem Finger zu, während Sie durch die andere Wasser einsaugen. Vergleichen Sie Ihre Nase mit einem Kamin; dieser muß ebenfalls von Zeit zu Zeit gefegt werden, damit er einwandfreien Zug hat.

c. *Der Mund*
Zur Reinigung und Kräftigung von Zähnen und Zahnfleisch verwenden Sie am besten Meersalz. Geben Sie etwas Salz auf den Zeigefinger und reiben Sie kräftig innen und außen über Zähne und Zahnfleisch. Vergewissern Sie sich vor der Massage, daß der verwendete Finger sauber und der Nagel kurz geschnitten ist (Abb. 12–6).

Da schwaches Zahnfleisch Paradontose und Zahnverfall verursachen kann, sollten Sie Ihre Kauwerkzeuge regelmäßig und sorgfältig mit Meersalz pflegen.

Die Massage der Zunge sollte ebenfalls zu Ihren regelmäßigen Reinigungsritualen am Morgen zählen. Sie können die Zunge mit dem Finger massieren und strecken, ihre Oberfläche mit einem Bürstchen oder einem Schaber reinigen oder die Zungenmuskulatur durch Bewegungen innerhalb und außerhalb des Mundraumes stärken (Abb. 12–7).

Abb. 12–6

Massage der Zähne und des Zahnfleischs mit Meersalz

Abb. 12–7

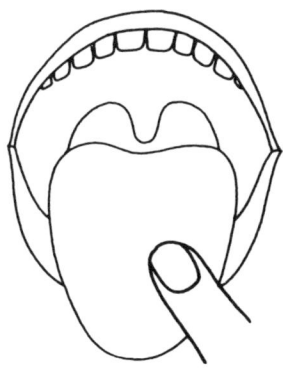

Zungenmassage mit dem Finger

d. Die Ohren
Die Reinigung und Übung der Ohren schärft Wachsamkeit und beugt gegen Hörverlust vor. Nehmen Sie ein sauberes, feuchtes Handtuch und reiben und reinigen Sie damit die Ohrmuscheln und den Gehörgang.
Weitere Übungen haben Sie schon im 8. Kap. kennengelernt.

H. Stärkung der Bein- und Fußdurchblutung

Während des Schlafs wird die Tätigkeit des Kreislaufs reduziert, was besonders in den vom Herzen entfernteren Körperregionen spürbar wird. Infolge des nachlassenden Blutdrucks beginnen sich Giftstoffe in den betroffenen Gefäßen abzulagern. Mit der morgendlichen Massage Ihrer Beine und Füße befreien Sie sich also nicht nur von Spannungen und Sorgen, sondern auch von Schlacken und Giftstoffen, die sich über Nacht abgesetzt haben.

Beginnen Sie mit der Fußmassage
Rubbeln und massieren Sie Ihre Füße mit einem Frotteehandtuch. Reiben Sie, bis Sie Wärme und Chi durch Ihre Füße strömen füh-

len. Durch Massage der Fußreflexzonen können Sie alle Organe und Drüsen Ihres Körpers stimulieren. Auf dem großen Zeh befinden sich auch die beiden Anfangspunkte von Leber- und Milz-Meridian.

Der Leber-Meridian, der an der Außenseite der großen Zehe beginnt, gehört zum wichtigsten Entgiftungssystem des Organismus. Durch seine Massage tragen Sie dazu bei, Schlacken und Giftstoffe aus den Beinen und den Kniekehlen zu beseitigen.

Der Milz-Meridian beginnt an der Innenseite der großen Zehe in der Nähe des Nagelfalzwinkels. Massage in diesem Bereich kräftigt Ihr Immunsystem und unterstützt die Verdauung.

Zehenübung
Legen Sie sich entspannt auf den Rücken und reiben Sie die große und die zweite Zehe 20–30mal aneinander. Üben Sie an beiden Füßen und fühlen Sie, wie sich Chi-Fluß und Durchblutung spürbar verbessern. Diese Übung schützt Ihre Gefäßwände (Arterien und Venen) wirksam vor Verhärtung und Verkalkung (Abb. 12–8).

Abb. 12–8

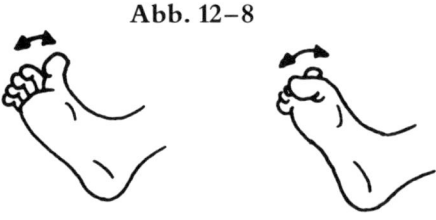

Reiben Sie morgens zum Wachwerden den großen und den zweiten Zeh aneinander

I. Anregung der Venendurchblutung

In den Venen fließt das Blut zum Herzen zurück. Am häufigsten wird dieser Rückfluß in den Venen des Fußes behindert oder gar abgeschnürt. Ursachen solcher Durchblutungsstörungen können auch falsche Schuhe sein (zu hohe Absätze, zu eng).

Fußübung für Männer
Beginnen Sie mit dem rechten Fuß. Beugen Sie die Zehen in Richtung Magen und strecken Sie die Ferse; halten Sie die Spannung für einen Augenblick und lassen Sie dann locker. Gehen Sie anschließend zum linken Fuß über.

Fußübung für Frauen
Sie üben erst mit dem linken Fuß und dann mit dem rechten. Der weitere Ablauf entspricht der Übung für Männer.
Wenn Sie bei dieser Übung Krämpfe verspüren, ziehen Sie die Zehen mit den Fingern und biegen Sie sie zu sich hin, oder ziehen Sie die Zehen nach unten, bis der Krampf nachläßt (Abb. 12–9).

Abb. 12–9

Zehenübung zur Anregung der Venendurchblutung

K. Dehnungsübungen für die Sehnen

Während des Schlafes befinden sich die Sehnen im Ruhezustand und sind nicht gespannt; beim Aufstehen fühlen wir uns oft sehr steif und unbeweglich. Mit gezielten Dehnungsübungen kann man bei geringem Zeitaufwand alle Sehnen strecken und funktionsfähig erhalten.

In den Enden Ihrer Extremitäten (Füßen und Zehen, Händen und Fingern) befinden sich die meisten Sehnen Ihres Körpers. Wenn Sie sich also steif fühlen, dann beginnen Sie in diesen Endregionen. Eine weitere Partie, in der sich mangelnde Dehnungsfähigkeit Ihrer Bänder und Sehnen störend bemerkbar macht, ist das Rückgrat.

Eine wichtige Stellung in Ihrem Sehnengefüge nimmt auch die Zunge ein. Sie stellt die Hauptverbindungsstelle dar.

Übungsvorschläge
1. Legen Sie sich auf den Rücken; heben Sie den Oberkörper etwas an (Abb. 12–10). Strecken Sie Arme und Beine, strecken und spreizen Sie Finger und Zehen so weit Sie können. Fuß- und Handgelenke sind etwas gebeugt, so daß Finger und Zehen leicht nach oben zeigen. Beginnen Sie nun mit der Blasebalg-Atmung:
Atmen Sie aus, bis die Bauchdecke ganz flach ist, ziehen Sie sie in Richtung Wirbelsäule; atmen Sie ein, bis der Bauch aufgebläht ist. Beschleunigen Sie den Atemrhythmus für etwa 10–15 Atemzüge. Beim letzten Mal atmen Sie kräftig aus, strecken Ihre Zunge so weit wie möglich in Richtung Kinnspitze und richten den Blick auf die Nasenspitze (Abb. 12–11). Sie können diese Übungsfolge zwei- bis dreimal wiederholen; legen Sie dann aber ausreichende Ruhephasen ein. Entspannen Sie dabei die gesamte Muskulatur und spüren Sie, wie Chi durch Ihren Körper strömt.
2. Beugen Sie sich nach vorn und umfassen Sie mit Daumen und Zeigefinger die großen Zehen. Der Druck auf die großen Zehen stimuliert den Energiefluß in Leber- und Milz-Meridian, und gleichzeitig werden durch den Griffkontakt der Lungen-Meridian in den Daumen und der Dickdarm-Meridian in den Zeigefingern angeregt.

Abb. 12–10

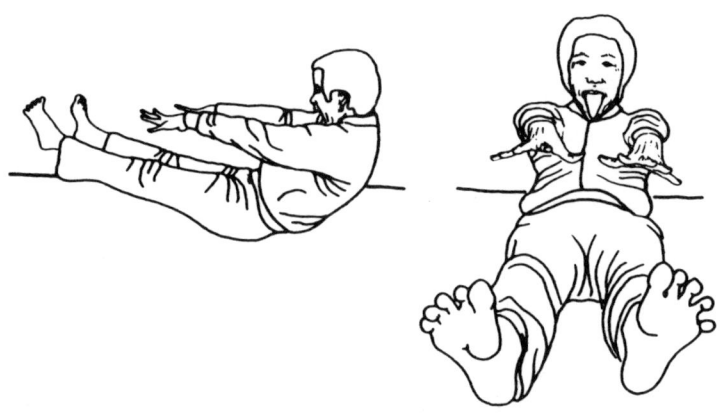

Dehnungsübung für die Sehnen

Abb. 12–11

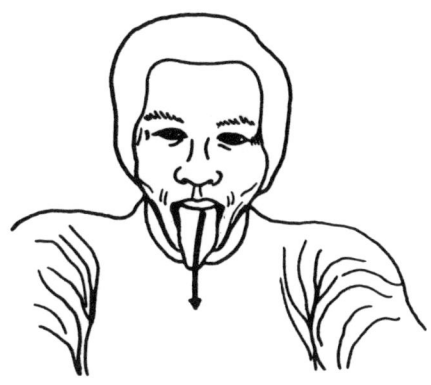

Herausstrecken der Zunge am Ende der Übung

Beginnen Sie in dieser Haltung in langsamem Tempo mit der Blasebalg-Atmung. Steigern Sie den Atemrhythmus, bis Sie die Spannung in den Sehnen und im Rückgrat spüren; dann entspannen Sie sich. Anschließend lockern Sie Ihre Füße und massieren Sie sie mit leichtem Klopfen.

Wenn Sie nicht an die Füße heranreichen, fassen Sie unter die Kniekehlen oder die Waden; auch in dieser Haltung aktivieren und unterstützen Sie die Funktion der Blasen-, Lungen- und Dickdarm-Meridiane (Abb. 12–12). Wenn Sie mit den Dehnungsübungen schon weiter fortgeschritten sind, umfassen Sie die Knöchel und beobachten Sie, wie die Wärme aus Ihren Händen in die Blasen-, Magen-, Leber- und Milz-Meridiane hineinströmt. Bei größerer Gelenkigkeit können Sie die Zehen ergreifen und darüber hinaus N 1, den ersten Punkt auf dem Nieren-Meridian, berühren.

Abb. 12–12

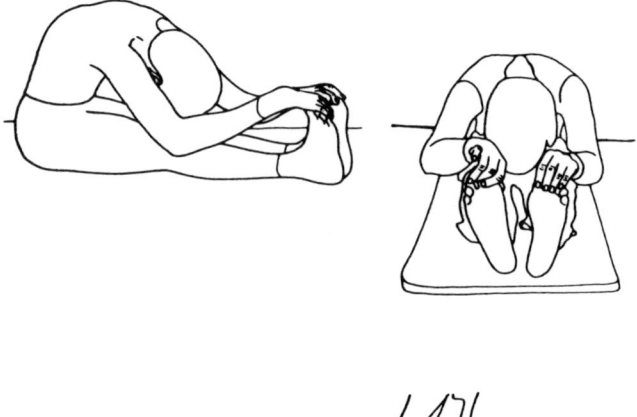

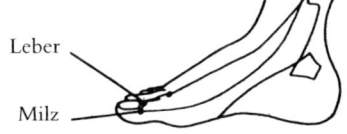

Dehnungsübung mit Meridianstimulierung

L. Dehnungsübungen und Massage für den Hals- und Wirbelsäulenbereich

Um Hals und Wirbelsäule zu strecken und zu dehnen, beugen Sie sich wieder vor und berühren mit den Händen die Füße; aber dieses Mal lassen Sie nicht den Kopf die Knie berühren, sondern beugen Ihren Kopf so stark zurück, daß Sie die Zimmerdecke erblicken und die Dehnung der gesamten Wirbelsäule spüren können (Abb. 12–13).

Abb. 12–13

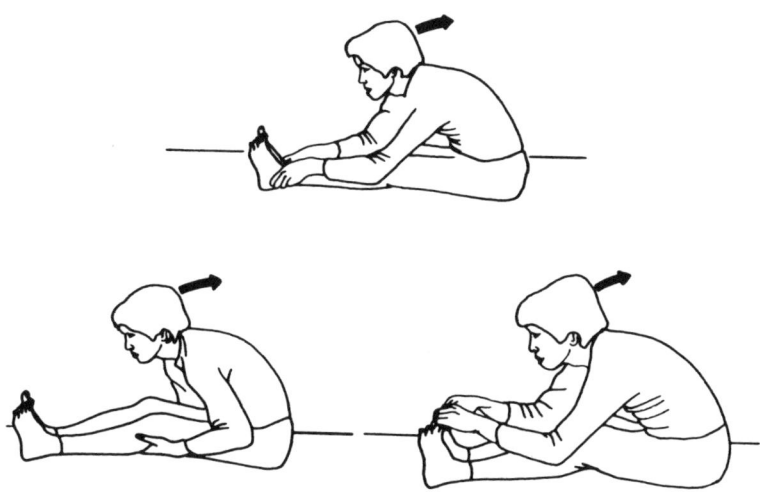

Dehnungsübung für Hals und Rücken

Richten Sie den Oberkörper wieder langsam auf. Ruhen Sie sich im Liegen aus. Wenn Sie aufstehen wollen, rollen Sie sich auf die linke Seite, setzen sich wieder hin und stehen dann langsam auf. Massieren Sie danach den Hals: Mit einem sauberen, feuchten Handtuch reiben Sie den Hals, bis Sie Wärme und Chi durch den Hals strömen fühlen. Am Hals läßt sich Ihr Alter ablesen; ein faltiger oder schlaffer Hals läßt Sie älter erscheinen.

M. Übung im Alltag

1. Auf dem Weg zur Arbeit

In der modernen Industriegesellschaft verbringen wir mehr und mehr Zeit in Transportmitteln und damit, auf sie zu warten. Im Auto, Bus, Zug, Flugzeug etc. oder während der Wartezeit können Sie die Zeit nützen und sich durch taoistische Übungen entspannen und erfrischen.

a. Seien Sie jedoch vorsichtig, wenn Sie selbst fahren. Üben Sie nichts, was Ihre Aufmerksamkeit ablenken und gefährliche Situationen heraufbeschwören könnte.

b. Ihr Hals ist im allgemeinen am stärksten verspannt und dieser Zustand führt zu Unbehagen und Reizbarkeit. Lächeln Sie in Hals und Nacken und versuchen Sie Hals und Nacken zu entspannen, wann immer Sie sich in diesem Bereich verkrampft und verhärtet fühlen. Atmen Sie tief ein, ziehen Sie die Schultern hoch, pressen Sie sie an den Hals und drücken Sie die Schulterblätter ebenfalls zusammen. Spannen Sie das Rückgrat und die Schultermuskulatur für ein paar Sekunden an. Atmen Sie aus und lassen Sie die Schultern wieder fallen.

c. Fassen Sie mit den Händen vorne unter den Sitz, runden Sie den Rücken und ziehen Sie den Bauch in Richtung Rückgrat ein. Atmen Sie dabei aus und werden Sie ganz rund, indem Sie das Kinn zur Brust ziehen und Becken und Kreuzbein einziehen. Spannen Sie die Rückenmuskulatur ein paar Sekunden an, besonders im Nierenbereich, und lassen Sie dann los. Bei dieser Übung können Sie beobachten, wie Chi wieder mit neuer Kraft zu strömen beginnt.

Achten Sie darauf, daß Ihr Rückgrat immer locker und entspannt ist, so daß Chi ungehindert in Ihrem Körper fließen kann.

d. Setzen Sie sich auf Ihre Hände – Handflächen nach oben. Das Chi wird aus den Handflächen und Fingern durch Ihre Gesäßmuskulatur zur Wirbelsäule fließen; von dort verteilt es sich über den ganzen Körper und in kurzer Zeit fühlen Sie sich erfrischt und gestärkt.

e. Wenn Sie von unangenehmen und negativen Gefühlen bedrängt werden, umfassen Sie die einzelnen Finger und bannen so Sorgen (Daumen), Trauer (Zeigefinger), Hektik (Mittelfinger), Ärger (Ringfinger), und Furcht (kleiner Finger). Lesen Sie Einzelheiten im Abschnitt zur Handmassage nach.

f. Zahnpflege und Klappern mit den Zähnen helfen Ihnen, den Kopf wieder freizubekommen. Bei Müdigkeit und Lustlosigkeit wirkt besonders das Zähneputzen anregend und aufmunternd. Einzelheiten finden Sie im 8. Kap.

g. Die Kontraktion der verschiedenen Bereiche des Afters unterstützt und stimuliert die Leistung Ihrer Organe und vermehrt Ihren Vorrat an Lebensenergie. Wenn Sie sich müde oder schwach fühlen, ziehen Sie linken und rechten Bereich des Afters zusammen und lassen Chi die Nieren umhüllen. Das dient dazu, die Nieren anzuregen und vermehrt Giftstoffe und Schlacken auszuschwemmen.

Spannen Sie den rechten Bereich des Afters an, um die Leber zu stimulieren. Sie fühlen sich wieder gestärkt und es fällt Ihnen leichter, Entscheidungen zu treffen.

Kontrahieren Sie linken und rechten Bereich des Afters und umhüllen Sie Ihre Lungen mit Chi.

2. Müdigkeit beim Autofahren

Wenn die Müdigkeit Sie beim Autofahren zu übermannen droht, dann schlagen Sie, um wieder frisch und munter zu werden, die Zähne aufeinander. Rollen und heben Sie die Schultern, um den Hals zu stärken; kontrahieren Sie den After, um die Nieren zu beleben; und halten Sie das Steuerrad fest mit den kleinen Fingern, um den Kreislauf anzuregen und wieder hellwach zu werden.

Diese Übungsfolge ist besonders hilfreich bei Langstrecken- oder Nachtfahrten.

3. Belastungen am Arbeitsplatz

Wer am Schreibtisch oder vor dem Bildschirm arbeitet, sollte unbedingt an die Entspannung und Stärkung seines einseitig beanspruchten Körpers denken; Augen, Hals und Nieren profitieren besonders von kurzen Erholungsphasen. Vielleicht können sich die Firmen bald dazu entschließen, ihren Mitarbeitern zehn Minuten Pause für das Innere Lächeln und die Taoistische Selbstmassage einzuräumen. Die Firmenleitungen würden schnell feststellen, daß die Produktivität darunter nicht leidet.

Die Arbeit am Bildschirm ist besonders für die Augen strapaziös. Deshalb sollten Sie um Ihrer ermüdeten Augen willen die Arbeit alle zwei Stunden unterbrechen. Schließen Sie die Augen, massieren Sie die Augäpfel und bewegen Sie sie nach links und rechts, nach oben und unten und lassen Sie sie kreisen.

Langes Sitzen belastet die unteren Abschnitte der Wirbelsäule. Entspannen und regenerieren Sie die Nieren- und die Kreuzbeingegend mit Klopfmassage.

N. Nach Feierabend

1. Fernsehabend

Viele Leute verbringen heute ihre Freizeit vor dem Fernsehgerät. In dieser Zeit müssen Sie nicht passiv in Ihrem Sessel liegen, sondern können während des Sehens den Energiefluß durch Lächeln und Massage anregen. Vorzugsweise die Hände und Füße lassen sich nebenher leicht strecken, kneten und reiben.

2. Vor dem Schlafengehen

Nehmen Sie vor dem Zubettgehen noch ein warmes Fußbad. Lassen Sie Ihre Füße 5–10 Minuten in dem heißen Wasser und reiben Sie sie dann trocken. Frottieren Sie die Füße, bis sie heiß sind. Üben Sie vor allem die Heilenden Laute; wiederholen Sie jeden Laut dreimal. Eine ausführliche Beschreibung findet sich im 4. Kapitel.

3. Nachtruhe

a. Bei Völlegefühl oder Verstopfung massieren Sie Ihren Bauch vor dem Einschlafen.

b. Wenn Sie gern auf dem Rücken liegend schlafen, strecken Sie Arme und Beine aus und legen Sie den Daumen locker zwischen die leicht gekrümmten Finger (Abb. 12–14).

Abb. 12–14

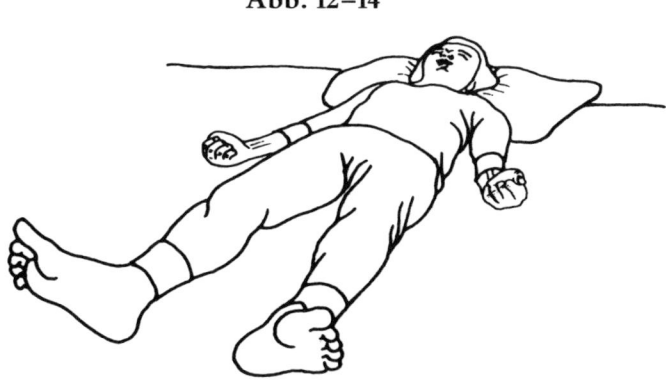

Schlafhaltung auf dem Rücken

c. Schlafen Sie dagegen lieber auf der Seite, legen Sie sich möglichst auf die rechte Seite, die Wirbelsäule ist gerade, ziehen Sie das linke Bein an und halten Sie das rechte Bein gestreckt. Betten Sie den Kopf auf Ihre rechte Handfläche, ohne das Ohr zu verschließen, und legen Sie den linken gestreckten Arm auf die linke Körperseite (Abb. 12–15).

Abb. 12–15

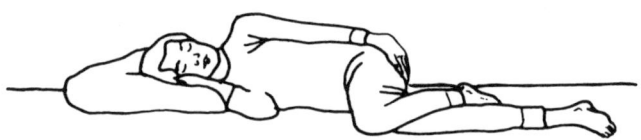

Schlafhaltung auf der Seite

d. Eine weitere Schlafposition auf der Seite ergibt sich, wenn Sie beide Beine anziehen und die Hände zwischen die Oberschenkel nehmen (Abb. 12–16). Die Wirbelsäule sollte gestreckt bleiben.

Abb. 12–16

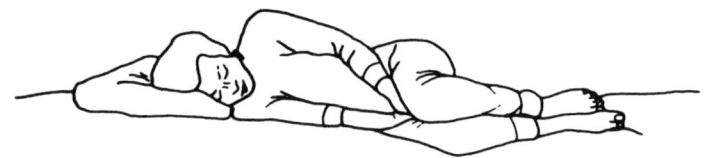

Schlafhaltung mit angezogenen Beinen

e. Tragen Sie im Bett keine beengenden oder einschnürenden Kleidungsstücke. Suchen Sie sich ein ordentliches Kopfkissen aus; es soll nicht nur den Kopf, sondern auch den Hals während des Schlafens stützen.

f. Pflanzen im Schlafzimmer sind zu empfehlen, aber wählen Sie solche, die nicht oder nur schwach duften. Starke Dürfte können schwere Träume und Kopfschmerzen verursachen.

13. Kapitel
Taoistische Lebensweisheiten

A. Lächeln Sie den Streß weg

Vergessen Sie nie, Ihr Herz mit Liebe und die Augen mit einem echten Lächeln zu füllen. Dies ist die beste vorbeugende Medizin. Wenn Sie traurig, wütend, weinerlich, deprimiert oder nervös sind, sondern die Organe Giftstoffe ab; dagegen erzeugen sie einen honiggleichen, heilsamen Nektar, wenn Sie lächeln und glücklich sind.

Jeder weiß, wie hektisch das moderne Leben ist, und es ist fast schon normal, nach der Arbeit mit Kopfschmerzen nach Hause zu fahren. «Es muß etwas geschehen» gegen all den Druck, der sich überall von außen und von innen gegen uns wendet; doch so seltsam es auch klingen mag, die Lösung liegt im Nicht-Tun. Wir müssen lernen, in jeder auch noch so kritischen Situation Herr der Lage zu bleiben, und eine Methode, die uns dazu befähigt, ist das Lächeln. Durch den einfachen Akt des Lächelns erheben wir uns über die Welt, und alle Schwierigkeiten scheinen im Keim zu ersticken.

Zunächst dürfte es nicht so einfach sein, die Wirkungen des Inneren Lächelns zu begreifen und es zu einer neuen Erfahrung zu vertiefen, aber mit ausreichender Übung wird es zu einem Teil Ihres Lebens.

Denken Sie an das Innere Lächeln, wo immer Sie stehen, gehen oder sitzen; entspannen Sie sich, füllen Sie Ihr Herz mit Liebe, und lassen Sie dieses Gefühl den ganzen Körper durchdringen. So einfach es ist, so wirksam ist es auch. Bewahren Sie ein friedliches, liebevolles Herz, lächeln Sie unbeschwert, und Ihre Sorgen werden dahinschmelzen.

B. Der Blick in den Spiegel

Ein Spiegel wird zum Frisieren, Rasieren und zum Auflegen des Make-up gebraucht. Aus taoistischer Sicht ist der Spiegel ein unerläßliches Utensil, die eigene Persönlichkeit oder das persönliche Schicksal in Augenschein zu nehmen. Im Spiegel können Sie erkennen, was Ihnen im Laufe des Tages geschehen wird und wie Sie sich fühlen werden. Die Zukunft aus dem Spiegel zu lesen, ist nicht so einfach; Sie werden einige Zeit benötigen, um diese Kunst zu erlernen.

Es wird Ihnen dagegen leichterfallen, an Gesicht und Sinneswerkzeugen den Zustand Ihres Inneren zu erkennen – ob Sie glücklich und ausgeglichen sind, ob Ihre Organe einwandfrei funktionieren oder ob Ihre Sinne in Ordnung sind.

Wenn Sie beim Blick in den Spiegel feststellen, daß Sie alt aussehen, wird Sie das vielleicht dazu bringen, umgehend etwas für sich zu tun.

Wie ist Ihr Gesichtsausdruck? Sehen Sie arrogant aus, zornig, traurig, erschöpft oder ängstlich? Üben Sie einen glücklichen, freundlichen oder lächelnden Gesichtsausdruck. Achten Sie auf die Mundwinkel; wenn sie nach unten weisen, heben Sie sie durch Massage an. Gewöhnen Sie sich an, Ihre Hände vor der Gesichtsmassage durch Reiben anzuwärmen.

C. Rechtes Reden, Handeln, Denken

Sie sollten mit Bedacht reden; überlegen Sie gut, was Sie sagen und wann und wie Sie es sagen wollen. Eine solche Rede ist ein Segen für alle, und Sie bewahren Ihr Chi, wenn Sie weniger reden.

Sie sollten weniger an Zukunft und Vergangenheit denken; solche Gedanken erzeugen Sorgen, und Sorgen führen zu Streß. Üben Sie sich statt dessen ständig in Konzentration, nicht in einer künstlichen, sondern einer natürlichen Aufmerksamkeit, und praktizieren sie eine hilfreiche und nachsichtige Einstellung in Ihrem Alltag.

Zu den taoistischen Methoden gehört auch die Entwicklung schöpferischer und geistiger Kräfte. Im Chinesischen und in vielen anderen östlichen Sprachen bedeutet das Wort für Herz auch Geist. Auf einer Entwicklungsstufe, wo persönliche Ambitionen keine Rolle mehr spielen, wo man sich selbst vergessen und sein Herz entfalten kann, verfügt man auch über die Mittel, sich von Krankheit zu befreien. Wenn Sie krank sind und meditieren, sollten Sie nicht erwarten, sogleich von Ihrer Krankheit befreit zu werden. Richten Sie Ihre Aufmerksamkeit ganz auf die Übung, und alles andere ergibt sich von selbst.

D. Kopf und Füße

Bringen Sie Ihrem Kopf den größten Respekt entgegen; betrachten Sie ihn als Tempel Gottes und des Geistes, als Haus der Seele und Kontrollzentrum für die Organe. Als Leitregel könnte man wie der Volksmund angeben: «Warme Füße, kühler Kopf.» Dadurch soll sichergestellt werden, daß sich nicht zu viel Energie im Kopf ansammelt, was zu Unwohlsein und sogar zu Beschwerden, wie z. B. hohem Blutdruck, führen kann.

Leiten Sie bei Kopfdruck das Chi zu den Füßen, dann wird der Druck nachlassen. Warme Füße können sie vor Herzanfällen schützen; deshalb sollten Sie die Füße massieren und stets warm halten. Am Ende einer Übung sollten Sie jedesmal Chi im Nabel speichern und den Nabel warm halten.

E. Richtiger Umgang mit der Sexualität

Reduzieren Sie Ihre sexuelle Aktivität, denn zu häufige Ejakulationen vermindern Ihren Vorrat an Chi und Ihre Konzentrationsfähigkeit. Junge Menschen, die allen möglichen sinnlichen und sexuellen Reizen ausgesetzt sind, verstehen nicht, so damit umzugehen, daß sie ihre Energien bewahren könnten. Daher ist es ratsam, sich auf die tägliche Übung zu konzentrieren und Ablenkungen zu vermeiden.

F. Zurückhaltung beim Essen

Überessen Sie sich nicht, und setzen oder legen Sie sich anschließend nicht für längere Zeit hin, denn dadurch verkürzen Sie Ihr Leben.

Hören Sie auf zu essen, bevor Sie satt werden, und gehen Sie dann spazieren. Vor dem Zubettgehen sollten Sie überhaupt nichts essen.

Nehmen Sie öfters kleinere Mahlzeiten zu sich, um so die Verdauung zu erleichtern und eine Überlastung der Organe zu vermeiden.

Beim Essen sollten zuerst die heißen Gerichte und danach die warmen und dann die kalten kommen. Wenn es nichts Kaltes gibt, können Sie ein Glas kaltes Wasser trinken. Vor dem Essen sollten Sie immer einatmen und etwas Luft schlucken.

Die Nahrung darf im Frühling schärfer, im Sommer saurer, im Herbst bitterer und im Winter weniger salzig sein, aber übertreiben Sie dabei nicht.

Allgemein gilt, daß gekochte Nahrung besser als ungekochte, und daß wenig besser als zuviel ist.

Wenn Sie einmal zuviel gegessen haben, sollten Sie es vermeiden, zuviel Wasser zu trinken und es schnell hinunterzuschlucken.

Sie bekommen Verdauungsstörungen, wenn Sie sich den Bauch vollschlagen, nachdem Sie längere Zeit hungrig waren.

Essen Sie kein frisches Obst auf leeren Magen, da dies zu Hitze oberhalb des Zwerchfells führt.

Zu viel rohes Gemüse kann zu einer ungesunden Gesichtsfarbe führen.

G. Wasser als Reinigungsmittel

Ein bewährtes Hausmittel zur Reinigung und Stärkung des Organismus besteht darin, ein oder zwei Stunden vor dem Frühstück Wasser zu trinken. Das Wasser löst und schwemmt Schlakken und Giftstoffe aus dem Verdauungstrakt.

Trinken Sie nur einwandfreies Wasser; wenn nötig kochen Sie

es vor Gebrauch ab. Nehmen Sie zwei bis vier Gläser zu sich. Wenn Sie mit einer Wasserkur beginnen, kann es Ihnen schwerfallen, so viel Flüssigkeit auf einmal zu sich zu nehmen. Nach dem Trinken ist es wichtig, daß Sie sich bewegen; gehen, laufen oder hüpfen Sie. Anschließend müssen Sie den Bauch massieren, um das Wasser durch den Verdauungstrakt zu spülen und um Schlakken und Schleim zu lösen und mit dem Stuhl oder Harn auszuscheiden.
Vermeiden Sie dagegen, nach dem Essen oder vor dem Schlafengehen zu trinken. Wenn Sie abends noch trinken, werden Sie nachts aufstehen müssen. Sie sollten auch kein kaltes Wasser trinken, wenn Sie krank sind und schwitzen, denn dies schädigt Herz und Magen.

H. Nichts übertreiben

In einem altchinesischen Spruch heißt es:

«Zu langes Gehen schädigt die Sehnen,
zu langes Sitzen schädigt das Fleisch,
zu langes Stehen schädigt die Knochen,
zu langes Liegen schädigt das Chi,
zu langes Schauen schädigt das Blut.»

Für die Taoisten ist Maßlosigkeit in jeder Form von Übel: Zorn, Kummer, übertriebenes Mitleid und Melancholie sind schädlich, aber ebenso ein Übermaß an Freude oder Vergnügen. Große Freude bringt Ihr Chi zum Steigen; große Trauer bringt Ihren Energiefluß zum Stillstand. Leiden schadet Ihrem Energieniveau, ebenso Angst oder völlige sexuelle Abstinenz. Schonen Sie Ihre Sinneswerkzeuge, vor allem Augen und Ohren: Überbeanspruchung der Sinne verwirrt den Geist und kann zu Krankheiten führen.

I. Gesundheit in den Jahreszeiten

Im Winter sollten Sie die Füße stets warm halten, während Sie den Kopf kühl halten dürfen.

Beim Schlafen sollten Sie im Frühling und Sommer mit dem Kopf nach Osten, im Herbst und Winter aber nach Westen liegen. Wenn Sie krank sind, sollten Sie nicht mit dem Kopf nach Norden liegen. Gehen Sie im Sommer und Herbst früh zu Bett und stehen Sie früh auf; im Winter sollten Sie zeitig schlafengehen und spät aufstehen und im Frühling noch bei Tageslicht zu Bett gehen und früh aufstehen.

Sprechen sie gleich nach dem Aufstehen wenig oder gar nicht. Zu vieles Sprechen raubt Ihnen Energie.

K. Verschiedene Gesundheitsregeln

Im Hals verlaufen zahlreiche wichtige Blutgefäße und Nervenbahnen, die Körper und Kopf verbinden. Behandeln Sie Ihren Hals gut; halten Sie ihn warm und entspannt, indem Sie ihm zulächeln.

Um das Leben zu verlängern und Krankheiten vorzubeugen, sollten Sie mehrmals täglich Ihren Speichel hinunterschlucken. Dadurch erhöhen Sie die Wirkkraft des Speichels; andernfalls verliert er sie.

Schützen Sie sich vor Zug oder Wind nach dem Baden oder nach dem Schwitzen.

Morgens, mittags, nachmittags, abends und um Mitternacht sollte man die Zähne putzen und den Mund siebenmal spülen; dies verlängert das Leben und stärkt Zähne, Knochen, Muskeln, Nägel und Haare.

L. «Nein, danke. Nicht noch mehr Verpflichtungen!»

Der Erfolg jedes guten Vorsatzes, das eigene Leben besser zu gestalten, hängt von der Erfüllung der geplanten Schritte ab. Selbstverständlich müssen Sie ein ganzes Maß an innerer Stärke aufbringen, um die taoistischen Übungen möglichst täglich anzuwenden. Denken Sie aber auch daran, daß Flexibilität ein Grundprinzip des Taoismus ist; d. h., daß Sie bei der Einteilung Ihres Tagesverlaufs auch die äußeren Umstände berücksichtigen.

Ihr Übungskonzept sollte also nicht starr und unveränderlich sein, sondern sich den wandelnden Gegebenheiten anpassen. Üben Sie soviel und so oft, wie es Ihnen die Umstände erlauben. Wenn Sie nur Zeit für Lungen- und Leber-Laut haben, dann üben Sie eben nur diese – aber Vorsicht, nicht vor dem Schlafengehen; denn wenn die Heilenden Laute einzeln und nicht als Sequenz geübt werden, heben Sie Ihren Energiespiegel spürbar an. Stehen Ihnen nur zwei Minuten für das Innere Lächeln zur Verfügung, dann lassen Sie eben wahre Kaskaden lächelnder Energie durch die drei Körperlinien herabrauschen.

Am wichtigsten ist es, die Übungen organisch in den eigenen Tagesablauf einzufügen. Üben Sie das Innere Lächeln, wenn es Ihnen in den Sinn kommt; wenden Sie die Heilenden Laute an, wenn Sie Entspannung brauchen, auffällige körperliche Veränderungen bemerken oder zu Bett gehen wollen.

Massieren Sie die Augen nach dem Lesen, Schreiben oder ähnlicher anstrengender Tätigkeit. Vertreiben Sie Kopfschmerzen durch Massage des Schädeldaches und der Schläfen oder durch Pressen des Nasenrückens. Alle Übungen sind hervorragend zur Entspannung und Erholung geeignet. Betrachten Sie sie nicht als Pflicht oder gar Last, und hegen Sie keine Schuldgefühle, wenn Sie einmal nicht genügend geübt haben.

Nutzen Sie die Übungen spielerisch und lassen Sie sich etwas einfallen, um sie organisch in Ihren individuellen Lebenslauf einzupassen. Genießen Sie die Beobachtung und den Gedanken, durch Ihr regelmäßiges Üben glücklicher, ruhiger, leistungsfähiger und anziehender für Ihre Umwelt zu werden.

Anhang

Das System des Heilenden Tao

Das Ziel der taoistischen Übung

Das Heilende Tao («Healing Tao») ist ein Übungssystem, das dem Individuum die harmonische Entfaltung seiner körperlichen, seelischen und geistigen Fähigkeiten ermöglicht. Mit Hilfe verschiedener alter, überlieferter chinesischer Meditations- und Energietechniken lernt der Übende, seine Kräfte zu mehren, Spannungen abzubauen, die Gesundheit zu bessern, sich selbst zu verteidigen und andere und sich selbst zu heilen. So schafft er ein solides Fundament von Gesundheit und Wohlbefinden im physischen Bereich. Dieses bildet auch die Basis, auf der die spirituellen Anlagen entwickelt werden können. Später lernen die Übenden, die natürlichen Kräfte der Erde und der Gestirne anzuzapfen, und sie erreichen eine Bewußtseinsebene, auf der ein wirklicher Geistkörper entwickelt und genährt wird.

Das höchste Ziel des taoistischen Übungsweges besteht darin, die physischen Grenzen zu transzendieren; dieses Ziel wird dadurch erreicht, daß der Mensch Seele und Geist in sich zur Entfaltung bringt.

Die einzelnen Stufen

Grundstufe I:
Erweckung heilender Energie (Chi)

1. Der Kleine Kreislauf

Das Öffnen des Kleinen Kreislaufs bildet die Grundlage für das System der taoistischen Meditation. Mit Hilfe besonderer Entspannungs- und Konzentrationstechniken kann der Meditierende seine Lebenskraft Chi auf zwei Meridianen anregen, zum Kreisen bringen, lenken und bewahren. Diese beiden ersten Haupt-Energiebahnen im Körper, die geöffnet werden, sind das Diener-Gefäß (Diener-Meridian), das in der Körpermitte auf der Vorderseite verläuft, und das Lenker-Gefäß (Lenker-Meridian), das in der Rückenmitte hochsteigt.

Regelmäßiges Üben dieser alten taoistischen Methode kann Streß und nervöse Spannung beseitigen, die inneren Organe massieren, beschädigte Gewebe heilen, das Lebensgefühl steigern und das Wohlbefinden fördern. Meister Chia und qualifizierte Ausbilder helfen den Kursteilnehmern, den Kleinen Kreislauf zu öffnen, indem sie mit den Händen (oder Augen) Chi in die Energiebahnen des Übenden übertragen.

2. Das Innere Lächeln

Das Innere Lächeln ist eine wirkungsvolle Entspannungstechnik. Dabei verwendet man die sich aus einem Glücksgefühl heraus ausbreitende Energie als Sprache, um mit den inneren Organen des Körpers in Verbindung zu treten. Man lernt, in die Drüsen und Organe hineinzulächeln, und gibt so dem ganzen Organismus das Gefühl, daß er geschätzt und geliebt wird. Man spürt die Energie wie einen Wasserfall von oben nach unten durch den ganzen Körper hinabfließen. Mit Hilfe des Inneren Lächelns kann der Übende leichter Streß bewältigen und den Chi-Fluß besser lenken und vermehren.

3. Die Sechs Heilenden Laute

Die Sechs Heilenden Laute bilden eine grundlegende Entspannungstechnik, bei der man mittels einfacher Armbewegungen und spezifischer Laute eine abkühlende Wirkung auf den Organismus ausübt. Diese heilenden Laute versetzen die entsprechenden Organe in Vibration, und die Armbewegungen in Verbindung mit der richtigen Haltung leiten Hitze und Druck aus dem Körper. Der vermehrte Chi-Fluß durch die Organe hilft Verdauungsstörungen und Kopfschmerzen zu verringern, führt zu gesundem Schlaf, geringerer Streßanfälligkeit und größerer Vitalität.

Für alle, die andere Formen der Meditation, der Kampfkunst oder des Sports praktizieren, bei denen sich leicht übermäßige Hitze im Organismus entwickelt, bringt diese Methode besonders wohltuende Wirkungen.

4. Die Chi-Selbstmassage

Diese taoistische Methode der Verjüngung und Selbstheilung mit den Händen nutzt vor allem die eigene innere Energie, um Sinnesorgane, Zähne, Haut und Organe zu kräftigen und zu verjüngen. Bei diesen ebenso einfachen wie wirkungsvollen Massagetechniken setzt man außer Chi auch sanfte äußere Reize ein, um für Krankheit und Altern verantwortliche Energieblockaden und Streßzonen zu beseitigen. Diese Verjüngungsmethode geht zurück auf einen taoistischen klassischen Text über innere Medizin, den der Gelbe Kaiser vor 5000 Jahren verfaßt haben soll.

Grundstufe II: Entwicklung innerer Kraft

1. Taoistische Geheimnisse der Liebe; Samen- und Ovar-Kungfu; Umwandlung der Sexualenergie und die Kunst harmonischer Beziehungen

Während der 5000 Jahre chinesischer Geschichte blieb die «Kein-Ausgang-Methode», das Zurückhalten der Samenflüssigkeit bei der sexuellen Vereinigung, ein wohlgehütetes Geheimnis. Anfangs wurden diese Techniken ausschließlich vom Kaiser und seinem engsten Kreis praktiziert. Später wurden sie vom Vater auf einen ausgewählten Sohn vererbt, aber allen weiblichen Familienmitgliedern vorenthalten. Beim Samen- und Ovar-Kungfu lernen beiden Geschlechter, wie sie ihre sexuelle Energie auf die Bahn des Kleinen Kreislaufs lenken und umwandeln können. Anstatt die Sexualität und sexuelle Beziehungen zu unterdrücken, zogen es die taoistischen Meister vor, die Sexualenergie als Mittel zur Förderung innerer Disziplinen einzusetzen.

Die Bewahrung und Umwandlung der sexuellen Energie beim Liebesakt wirkt als belebender Faktor auf die physische und spirituelle Entwicklung beider Partner. Das Umkehren und Kreisenlassen der Zeugungskraft von den Sexualorganen zu den höheren Energiezentren kräftigt und verjüngt alle Lebensfunktionen. Die Beherrschung dieser Praktiken fördert ein tiefes Gefühl der Ehrfurcht vor allen Formen des Lebens.

Beim normalen sexuellen Verkehr erfahren die Partner im allgemeinen nur eine auf den Genitalbereich begrenzte Art des Orgasmus. Durch die taoistische Techniken können sie einen totalen Körperorgasmus erfahren, ohne dabei Lebensenergie zu verschwenden. Die Bewahrung und die Umwandlung der sexuellen Energie stellt eine wesentliche Voraussetzung für die Übung auf den fortgeschrittenen Stufen des taoistischen Weges dar.

2. Fusion der Fünf Elemente, Reinigung der Organe und Öffnen der Sechs Sondermeridiane (1. Formel)

Die Fusion der Fünf Elemente und das Reinigen der Organe bildet die zweite Stufe der taoistischen Inneren Alchimie. Auf dieser Stufe der Meditation lernt man, wie sich die Fünf Elemente (Holz, Feuer, Erde, Metall, Wasser) und ihre entsprechenden Organe (Leber, Herz, Milz, Lunge, Nieren) auf dreierlei Weise beeinflussen: erzeugend, vereinigend und stärkend. Bei der Übung der Fusion verbinden sich die Energien der Fünf Elemente und der entsprechenden Emotionen zu einem harmonischen Ganzen.

Fusion der Fünf Elemente I
Auf der ersten Stufe der Fusion lernt man, wie die negativen Emotionen von Sorge, Trauer, Grausamkeit, Zorn und Furcht in reine Energie umgewandelt werden können. Dies geschieht, indem man die Quelle negativer Emotionen in den fünf Hauptorganen ausfindig macht. Nachdem die überschüssige emotionale Energie aus den Organen herausgefiltert ist, kann der Organismus zu einem Zustand psychophysischen Gleichgewichts zurückfinden. Die von negativen Emotionen befreite reine Energie kristallisiert sich zu einer leuchtenden Perle oder einer Kristallkugel. Diese Perle spielt eine entscheidende Rolle bei der Entwicklung und Nährung des Seelen- oder Energie-Körpers, der ausschließlich von der reinen Energie der fünf Organe gespeist wird.

Fusion der Fünf Elemente II
Auf der zweiten Stufe der Fusion lernt man, wie man die reine Energie der fünf Organe kreisen lassen kann, sobald diese von negativen Emotionen befreit sind. Sind die Organe gereinigt, entstehen die positiven Gefühle von Freundlichkeit, Sanftheit, Respekt, Ausgeglichenheit, Gerechtigkeit und Mitgefühl als natürlicher Ausdruck des inneren Gleichgewichts. Der Übende kann diesen Gleichgewichtszustand überwachen, indem er die Natur der sich spontan bildenden Emotionen beobachtet.
Die Energie der positiven Emotionen wird dazu eingesetzt, die

drei vom Perineum (unter den Sexualorganen) aus zum Scheitelpunkt verlaufenden Kanäle zu öffnen, welche als Aufsteigender Kanal bezeichnet werden. Zusätzlich öffnet man die Gürtelkanäle, die die neun Hauptenergiezentren des Körpers umgeben.

Fusion der Fünf Elemente III
Auf der dritten Stufe der Fusion vollendet der Übende die Reinigung der Energiebahnen im Körper, indem er die positiven und negativen Kanäle in Armen und Beinen öffnet. Das Öffnen des Kleinen Kreislaufs, des Aufsteigenden Kanals, der Gürtelkanäle und der positiven und negativen Kanäle in Armen und Beinen macht den Körper völlig durchlässig für das Kreisen der Lebensenergie. Der ungehinderte Energiefluß bildet die Grundlage für vollkommene körperliche und seelische Gesundheit.

Die Methode der Fusion stellt eine der größten Leistungen der taoistischen Meister dar, da sie den Menschen in die Lage versetzt, den Körper von negativen Emotionen zu befreien und zugleich das reine Licht positiver Kräfte leuchten zu lassen.

3. Eisenhemd-Chi Kung, Organ-Übungen und Einführung in das Prinzip der Verwurzelung

Die Ganzheit des menschlichen Körpers wird durch das Ansammeln und Zirkulieren der inneren Kraft Chi in den Hauptorganen aufrechterhalten und geschützt. Diese Energie, die bei den Übungen des Kleinen Kreislaufs und der Fusion frei zu kreisen beginnt, kann sowohl in den Faszien als auch in den Organen gespeichert werden. Die Faszien sind eine Bindegewebsschicht, welche Organe und Muskeln bedeckt, stützt und verbindet.

Chi soll in Organen und Muskeln gespeichert werden, um eine Schicht von innerer Kraft zu bilden, die den Körper vor unerwarteten Verletzungen schützen kann. Die Übung des Eisenhemd-Chi Kung verwurzelt den Körper in der Erde, stärkt die Organe, verwandelt die Sehnen, reinigt das Knochenmark und schafft einen Vorrat an reinem Chi.

Eisenhemd-Chi Kung bildet eine der Grundlagen für die

Übungen im spirituellen Bereich, da es für die feste Verwurzelung sorgt, wenn der Geist-Körper aufsteigen will. Je höher der Geist steigt, desto fester muß die Verwurzelung in der Erde sein.

Eisenhemd-Chi Kung I: Bindegewebe- und Organ-Übungen
Auf der ersten Stufe des Eisenhemd-Chi Kung werden bestimmte Standpositionen, Muskel-Verschlüsse und Atemtechniken eingesetzt, um Energie aus dem Boden hochziehen und kreisen lassen zu können. Durch die Körperstellungen lernt man, seine innere Struktur (Knochen, Muskeln, Sehnen und Faszien) mit der Erde zu verbinden und so die Kraft der Verwurzelung zu entwickeln. Die Atemtechniken ermöglichen es, innere Kraft in die Organe, die zwölf Muskel-Sehnen-Meridiane und die Faszien zu lenken. Regelmäßiges Üben des Eisenhemd-Chi Kung stärkt Organe, Sehnen, Muskeln und Knochen sowie das Knochenmark. Da die innere Struktur durch mehrere Schichten von Chi gestärkt wird, verschwinden Haltungsschäden und Kreislaufbeschwerden. Der Übende begreift, wie wichtig die physische und psychische Verwurzelung in der Erde ist – sie bildet eine wesentliche Grundlage für die höheren Stufen der taoistischen Meditation.

Eisenhemd-Chi Kung II: Sehnen-Übung
Auf dieser zweiten Stufe des Eisenhemd-Chi Kung lernt man, wie sich Geist, Seele, Knochengerüst und Energiefluß zu einer dynamischen Einheit verbinden. Aus den statischen Formen der ersten Stufe entwickeln sich nun Bewegungsabläufe mit dem Ziel, die Verwurzelung zu stärken und Energie durch die Sehnen aufnehmen und entladen zu können. Eine bestimmte Übungsreihe ermöglicht es dem Lernenden, die Sehnen zu erneuern und zu stärken, die Hauptorgane zu beleben und Faszien, Sehnen, Muskeln und Knochen zu einer Einheit zu verschmelzen. Der Übende erlernt auch Methoden, mit deren Hilfe er die in Gelenken und Muskeln abgelagerten Giftstoffe ausscheiden kann. Sobald die Energie ungehindert durch die Organe fließt, kann der Körper auf wirkungsvolle Art von Giftstoffen befreit werden, ohne daß man dazu auf strenges Fasten oder eine besondere Ernährungsweise zurückgreifen müßte.

Eisenhemd-Chi Kung III: Reinigung des Knochenmarks
Auf dieser dritten Stufe befaßt man sich damit, das Knochenmark zu reinigen und zu erneuern, die Sexualhormone zu regenerieren und sie in Faszien, Sehnen und Mark zu speichern, sowie die innere Energie zu den höheren Zentren zu leiten.
Die Techniken auf dieser Stufe wirken direkt auf Organe, Knochen und Sehnen und stärken den ganzen Organismus über das normale Maß hinaus. Durch eine besonders effektive Methode der Vibration kann der Übende den Energie-Durchfluß anregen und damit toxische Ablagerungen aus jedem Organ herausschütteln. Diese fortgeschrittenen Techniken des Eisenhemd, auch als System der Goldenen Glocke bezeichnet, wurden früher streng geheimgehalten; ihre Übung ermöglicht es, die Sexualenergie zu den höheren Zentren zu lenken, damit fortgeschrittene taoistische Praktiken durchgeführt werden können.

4. Tai Chi-Chi Kung, die Grundlage des Tai Chi Chuan

Tai Chi-Chi Kung umfaßt sieben Stufen:

Tai Chi-Chi Kung I:
Dazu gehören vier Übungsbereiche:
a. Geist: Der Übende soll lernen,
1. sein Körpergewicht zusammen mit der Schwerkraft einzusetzen;
2. mit Hilfe des Knochengerüsts den ganzen Körper mit möglichst geringem Muskeleinsatz zu bewegen;
3. die dreizehn Bewegungsformen (Grundtechniken) so zu beherrschen, daß der Geist sich ganz auf den Energiefluß konzentrieren kann.
b. Geist und Chi: Lenkung des Chi-Flusses mit Hilfe des Geistes.
c. Geist, Chi und Erdkraft: Verschmelzung dieser drei Kräfte zu einer einzigen, die sich ungehindert durch das Knochengerüst ausbreiten kann.
d. Anwendung des Tai Chi Chuan in der Selbstverteidigung.
Tai Chi-Chi Kung II: schnelle Form der Energie-Entladung

Hier lernt der Übende:
a. sich schnell in die fünf Richtungen zu bewegen;
b. den Gesamtorganismus als Einheit zu bewegen;
c. Erdenergie durch das Knochengerüst zu entladen.

Tai Chi-Chi Kung III: Langform des Tai Chi Chuan
a. Tai Chi-Form der 108 Bewegungen;
b. Chi-Fluß in jeder Einzelbewegung;
c. zweite Stufe der Selbstverteidigung;
d. Entwicklung der Chi-Augen.

Tai Chi-Chi Kung IV: Tai Chi-Schwert
Tai Chi-Chi Kung V: Tai Chi-Säbel
Tai Chi-Chi Kung VI: Tai Chi-Stock und -Lanze
Tai Chi-Chi Kung VII: Selbstverteidigung und Bodentechniken
Beim Tai Chi Chuan lernt der Übende, den Körper als Einheit zu bewegen und dabei mehr mit Chi als mit Muskelkraft zu arbeiten. Ohne den kontrollierten Chi-Fluß durch Meridiane, Muskeln und Sehnen bleibt Tai Chi Chuan nur eine Art von Gymnastik mit geringen Wirkungen auf die Körperstruktur.

Beim Tai Chi-Chi Kung wird der durch die Übung des Kleinen Kreislaufs, der Fusion und des Eisenhemd-Chi Kung angeregte Energiefluß in normale Bewegungen integriert, und der Körper lernt, Energie auf effektive Weise in Bewegung umzusetzen. Falsche Bewegungen behindern den Energiefluß und verursachen Blockaden, Haltungsschäden und in manchen Fällen sogar Krankheiten. Sehr oft stellen falsche Bewegungen, angesammelte Spannungen, geschwächter Knochenbau und psychischer Streß die Ursache von Rückenschmerzen dar.

Beim Tai Chi Chuan lernt man, sein Körpergewicht als Kraft einzusetzen, die der Schwerkraft folgt, anstatt sich gegen sie zu wenden. Durch richtige Bewegung gesteigertes Körperbewußtsein führt zu einer schärferen Wahrnehmung der Umgebung und der sich darin bietenden Möglichkeiten. Der Tai Chi-Übende kann die Bewegungsabläufe auch zur Selbstverteidigung einsetzen. Da man durch Tai Chi Chuan den Körper auf sanfte Weise beweglich und fit halten kann, läßt es sich bis ins fortgeschrittene Alter praktizieren, denn die Bewegungen überanstrengen die körperlichen Fähigkeiten nicht (wie z. B. Aerobic).

5. Taoistische Ernährung nach der Lehre von den Fünf Elementen

Richtige Ernährung bildet eine wesentliche Komponente im System des Heilenden Tao; sie richtet sich nach den Bedürfnissen des Körpers und beachtet Klima und Jahreszeiten. Um sich guter Gesundheit erfreuen zu können, reicht es nicht aus, Vollwertkost ohne chemische Zusätze zu essen; vielmehr geht es darum, die Nahrung nach der Lehre von den Fünf Elementen richtig zusammenzustellen. Wenn man sein dominierendes Element kennt, ist es einfacher, Gleichgewichtsstörungen im eigenen Organismus vorzubeugen. Mit dem Wechsel der Jahreszeiten ändern sich auch die Bedürfnisse des Körpers, denen man auf eine Weise entsprechen sollte, die den Organismus bei der Ausführung seiner Aktivitäten unterstützt. Rechte Ernährung kann so dazu beitragen, die Gesundheit zu bewahren und größere Bewußtheit zu pflegen.

Grundstufe III:
Der Weg zu strahlender Gesundheit

1. Kungfu der heilenden Hände; Erweckung der heilenden Hand; Fünf-Finger-Kungfu

Die Methoden, sich selbst und andere zu heilen, bilden einen der Hauptzweige im System des Heilenden Tao. In der Technik des Fünf-Finger-Kungfu, in der sowohl statische als auch dynamische Übungsformen vereint sind, geht es um die Pflege des Chi, das sich in den Organen sammelt, die Faszien, Sehnen und Muskeln durchdringt und schließlich durch Hände und Finger nach außen übertragen wird. Diese Technik ist von großem Nutzen für Menschen, die Körpertherapien und andere Heilkünste praktizieren. Durch Üben des Fünf-Finger-Kungfu wird das Atemvolumen erheblich erweitert; dadurch kann man die Organe weiter stärken, die Muskulatur des unteren Rückens und des Unterleibs dehnen und kräftigen. Man lernt, sein Gewicht zu regulieren und sich mit den Heilkräften von Vater Himmel und Mutter Erde in Verbindung zu setzen. Ferner wird die zur Selbstheilung nötige Konzentration entwickelt.

2. Chi Lei Jung (Ch'i Nei Tsang): Organ-Chi-Transformationsmassage

Chi Lei Jung, die Organ-Chi-Transformationsmassage, bildet ein vollständiges System der Tiefenheilung, das mit dem Energiefluß in fünf bestimmten Hauptsystemen des Körpers arbeitet: dem Gefäßsystem, Lymphsystem, Nervensystem, Sehnen-Muskel-System und Akupunktur-Meridian-System. Es wird in drei Stufen unterrichtet.

Bei der praktischen Anwendung dieser Methode kann man durch Massage einer Reihe von Punkten im Nabelbereich den Energiefluß zu einzelnen Organen verbessern. Die Taoisten glauben, daß die gesamte Chi-Energie, alle Organe und Drüsen sowie das ganze Gehirn und Nervensystem im Nabelbereich miteinander verbunden sind. Energieblockaden in der Nabelgegend zeigen sich oft als Symptome in anderen Teilen des Körpers. In der Bauchhöhle befinden sich Dickdarm, Dünndarm, Leber, Gallenblase, Magen, Milz, Bauchspeicheldrüse, Blase und Sexualorgane sowie zahlreiche Lymphknoten. Aorta und Hohlvene teilen sich im Nabelbereich in zwei Zweige, die von dort in die Beine gehen.

Chi Lei Jung setzt bei den Energieblockaden um den Nabel herum an und folgt dann der Energie in andere Körperregionen. Chi Lei Jung ist eine tiefe Heilwissenschaft, die Meister Chia in den Westen gebracht hat.

3. Raum-Dynamik: die taoistische Kunst der Plazierung

In China haben Herrscher und Volk die Kunst des Feng-shui (wörtlich: «Wind und Wasser») über 5000 Jahre lang benutzt. Mit Hilfe der altchinesischen Geomantie, der taoistischen Metaphysik, der dynamischen Psychologie und der modernen Theorien des Erdmagnetismus kann man die Energie- und Kräfteverhältnisse in Natur, Mensch und Gebäuden bestimmen und beschreiben. Der Lernende wird sich so seiner eigenen Lebensbedingungen deutlicher bewußt und gewinnt im Rahmen des Zusammenspiels der Fünf Elemente mehr Möglichkeiten, seine Freiheit und sein Wachstum zu entfalten.

Mittlere Stufe: Grundlagen spiritueller Praxis

Die kleine Erleuchtung von K'an und Li (2. Formel)

Auf dieser Stufe der taoistischen Meditation, die im Chinesischen hsiao k'an li heißt, wird die Sexualenergie (chin. ching; schöpferische Energie) zu Lebenskraft verdampft. Man könnte auch sagen, daß hier die Ausbreitung der Sexualenergie durch den gesamten Organismus und das Gehirn beginnt. Das entscheidende Geheimnis dieser Formel besteht darin, daß die üblichen Positionen von Yin und Yang vertauscht werden, um auf diese Weise die Sexualenergie freizusetzen.

Zu dieser Formel gehören Pflege und Entwicklung des Wurzelzentrums (chin. hui-yin) und des Herzzentrums, wie auch die Umwandlung der Sexualenergie im Nabel. Durch die Vertauschung von Yin und Yang gelangt die Hitze des Körperfeuers unter die Kühle des Körperwassers. Ohne diese Vertauschung lodert das Feuer einfach in die Höhe und verbrennt den Körper von innen. Das Wasser (die Sexualflüssigkeiten) hat die Tendenz, nach unten zu fließen und den Körper zu verlassen. Wenn das Wasser eintrocknet, haucht der Körper sein Leben aus. Diese Formel kehrt den normalen Vorgang der Energievergeudung um, indem mit Hilfe fortgeschrittener Techniken das Wasser im Körper in ein verschlossenes Gefäß (den Tiegel) gegeben wird, worauf man es von unten mit Feuer erhitzt und zum Sieden bringt. Wird das Wasser nicht versiegelt, so strömt es direkt ins Feuer und löscht es, oder es wird selbst vom Feuer verzehrt. In dieser Formel wird dafür gesorgt, daß die beiden Elemente bewahrt bleiben; dadurch kann der Prozeß des Verdampfens über lange Zeit ausgedehnt werden. Grundlegend ist dabei das Prinzip, niemals Feuer emporsteigen zu lassen, ohne darüber Wasser zu haben, das vom Feuer erhitzt werden kann, und andererseits stets dafür zu sorgen, daß kein Wasser ins Feuer fließt. Auf diese Weise wird ein feuchtwarmer Dampf erzeugt, der ungeheure Energien in sich trägt und außerordentlich gesundheitsfördernd ist. Dieser Dampf regeneriert alle Drüsen, das Nerven- und Lymphsystem und intensiviert die Zirkulation der Energie und der Körperflüssigkeiten.

Die zweite Formel besteht aus folgenden Prozessen:
1. Vermischung des Wassers (Yin) und des Feuers (Yang), oder der weiblichen und der männlichen Kraft, um die Seele zu gebären;
2. Umwandlung der Sexualenergie in Lebensenergie, Sammeln und Reinigen des äußeren alchimistischen Agens im Kleinen Kreislauf;
3. Öffnen der zwölf Hauptmeridiane;
4. Kreisenlassen der Kraft im solaren (oder kosmischen) Kreislauf;
5. Umkehrung des Stromes der Zeugungsenergie, um Körper und Gehirn zu kräftigen und in den Zustand vor der Pubertät zu versetzen;
6. Regeneration der Thymusdrüse und des Lymphsystems;
7. Sublimation von Körper und Seele; Selbstverkehr, Geburt der unsterblichen Seele (Energiekörper).

Die Große Erleuchtung von K'an und Li (3. Formel)

Diese Formel umfaßt die taoistische Ta k'an li-Praxis. Sie benutzt ebenfalls die Umkehrung von Yin und Yang, doch werden nun die Energien, die im Körper aufgenommen werden können, ganz erheblich vermehrt. Auf dieser Stufe erfolgen Vermischung, Umwandlung und Harmonisierung der Energie im Solarplexus. Das erhöhte Energievolumen entsteht, weil bei dieser Formel nicht nur Yin- und Yang-Energie aus dem Körper selbst bezogen werden, sondern auch Kräfte direkt aus dem Himmel (Yang) und aus der Erde (Yin) geholt und den körpereigenen Kräften hinzugefügt werden. Tatsächlich läßt sich aus jeder Energiequelle Kraft ziehen, etwa aus dem Mond oder aus dem Boden, aus Pflanzen und Tieren oder aus dem Licht.

Die dritte Formel besteht aus folgenden Prozessen:
1. Verlegung des Ofens und Umwandlung des Tiegels;
2. Vermischung des Großen Wassers und des Großen Feuers (Selbstverkehr, Selbstbefruchtung).
3. Große Umwandlung der Sexualenergie zu höheren Ebenen;
4. Sammeln des äußeren und des inneren alchimistischen Agens, um die Zeugungskraft wiederherzustellen und das Gehirn zu stärken;
5. Weiterentwicklung von Körper und Seele;
6. Beginn der Verfeinerung der Sexualenergie;
7. Aufnehmen der Kräfte von Mutter Erde (Yin) und Vater Himmel (Yang) und ihre Vermischung mit Sexualenergie (Körper) und Seele;
8. Erweckung der Seele;
9. Bewahrung der Zeugungskraft und Verhinderung ihres Abfließens;
10. Stufenweiser Verzicht auf Nahrung und Verlaß auf sich selbst und die universale Energie;
11. Geburt des Geistes und Übertragung der Energie positiver Qualitäten und der Energiebahnen (Meridiane) in den Geistkörper;
12. Überwindung des Todes;
13. Öffnen des Scheitels;
14. Reisen in andere Dimensionen.

Die Größte Erleuchtung von K'an und Li (4. Formel)

Kern dieser Formel (chinesisch: t'ai k'an li) ist die Vermischung von Yin und Yang in einem höheren Energiezentrum. Durch die Regeneration der Thymusdrüse wird der Prozeß des Alterns umgekehrt und die natürliche Immunität erhöht. Das bedeutet, daß nun heilende Energie aus einem kraftvollen Zentrum im Körper ausgestrahlt wird und so dem physischen Körper und den ätherischen Körpern großen Nutzen bringt.

Die vierte Formel besteht aus folgenden Prozessen:
1. Verlegung des Ofens in ein höheres Zentrum und die entsprechende Umwandlung des Tiegels;
2. Aufnahme von Sonnen- und Mondkraft;
3. Größte Vermischung, Umwandlung, Verdampfung und Reinigung der Sexualenergie und der Energien von Seele, Mutter Erde, Vater Himmel, Sonne und Mond, um das innere alchimistische Agens des Kleinen Kreislaufs zu sammeln;
4. Vermengung der Sehkraft mit der Lebenskraft;
5. Vermischung (Sublimation) von Körper, Seele und Geist.

Fortgeschrittene Stufe: Das Reich der Seele und des Geistes

Das Versiegeln der fünf Sinnesorgane (5. Formel)

Diese fortgeschrittene Formel bewirkt eine echte Umwandlung des Warmen Energiestroms in Mental- oder Seelenenergie. Dazu müssen jedoch erst die fünf Sinnesorgane versiegelt werden, denn jedes von ihnen bildet ein Tor, durch das Energie verlorengeht. Werden diese Energietore nicht versiegelt, dann geben wir Energie durch die Sinnesorgane ab. Sie sollten aber nur dann Energie freisetzen, wenn sie bewußt dazu aufgerufen werden, Informationen weiterzuleiten.

Der Mißbrauch der Sinne führt zu viel größeren Energieverlusten und Verfallserscheinungen, als die meisten Menschen glauben. Um nur einige Beispiele für den Mißbrauch der Sinne und seine Folgen zu nennen: Zu vieles Sehen schadet der Samenflüssigkeit; zu vieles Hören beeinträchtigt den Verstand, spricht man zu viel, schadet dies den Speicheldrüsen; weint man zu viel, schadet man dem Blut; zu häufiger Geschlechtsverkehr schädigt das Rückenmark usw.

Jedem Element entspricht ein Sinnesorgan, durch das die

Kräfte der Elemente gesammelt oder abgegeben werden können. Das Auge entspricht dem Holz, die Zunge dem Feuer, die Nase dem Metall, der Mund der Erde und die Ohren entsprechen dem Wasser.

Die fünfte Formel besteht aus folgenden Prozessen:
1. Versiegeln der fünf Diebe: Ohren, Augen, Nase, Zunge und Körper;
2. Kontrolle des Herzens und der sieben Emotionen (Zorn, Vergnügen, Trauer, Freude, Liebe, Haß und Verlangen);
3. Vereinigung und Umwandlung des inneren alchimistischen Agens in wahre Vitalität;
4. Reinigung des Geistes;
5. Nährung und Schulung des Geistes, Verhinderung seines Umherwanderns auf der Suche nach Sinnesreizen;
6. Verzicht auf kraftlose Nahrung, Ernährung durch kraftspendende Nahrung und universale Energie.

Die Vermählung von Himmel und Erde (6. Formel)

Die sechste Formel, zu der die Inkarnation einer weiblichen und einer männlichen Wesenheit im Körper des Adepten gehört, läßt sich nur schwer in Worten beschreiben. Diese beiden Wesenheiten verkehren innerhalb des Körpers miteinander. Zu dieser Formel gehört auch die Vermischung der Yin- und Yang-Kräfte auf dem Scheitel und um ihn herum. Der Scheitel muß vollkommen offen sein, um Energie von oben empfangen zu können, damit die Zirbeldrüse völlig regeneriert wird. Hat die Zirbeldrüse ihre volle Funktion erreicht, so dient sie als Kompaß, der dem Menschen anzeigt, in welcher Richtung sein Lebensziel zu finden ist.

Der esoterische Taoismus ist eine Methode der Meisterung des Geistes, und dies findet seinen Ausdruck im Tao Yoga. Ohne den Körper kann man das Tao nicht erlangen, aber mit dem Körper allein kann die Wahrheit niemals erkannt werden. Der praktizierende Taoist sollte seinen physischen Körper mit derselben Sorgfalt pflegen und behandeln, die er auf einen kostbaren Diamanten verwenden würde, denn nur durch ihn kann er Unsterblichkeit

erlangen. Gibt man den Körper aber nicht preis, sobald man am Ziel angekommen ist, so wird man die Wahrheit nicht erkennen.
Die sechste Formel besteht aus folgenden Prozessen:
1. Vermischung (Vereinigung) von Körper, Seele, Geist und Universum (kosmischer Kreislauf);
2. Vollständige Entfaltung des Positiven, um das Negative völlig auszulöschen;
3. Rückkehr des Geistes ins Nichts.

Wiedervereinigung von Mensch und Himmel (7. Formel)

Wir können den Körper mit einem Schiff und die Seele mit dessen Motor und Antriebsschraube vergleichen. Dieses Schiff befördert einen kostbaren, riesigen Diamanten, den es an ein fernes Ufer bringen soll. Wenn das Schiff beschädigt ist (d. h. der Körper krank ist), kann die Seele so intakt sein, wie sie will – das Schiff wird nicht weit kommen und vielleicht sogar untergehen. Deshalb raten wir davon ab, sich mit spirituellen Praktiken zu befassen, bevor nicht alle Energiebahnen im Körper richtig geöffnet und darauf vorbereitet sind, die hohen Energiespannungen aufzunehmen, die in sie hineingeleitet werden. Das taoistische Übungssystem, wie es seit über 5000 Jahren überliefert ist, umfaßt Tausende von Methoden. Die hier beschriebenen Formeln und Praktiken beruhen auf taoistischem Geheimwissen und der zwanzigjährigen persönlichen Erfahrung des Autors sowie auf den Erfolgen, die er bei der Unterweisung Tausender von Schülern erzielen konnte.

Hauptziele der Taoisten nach Stufen:

1. Jetzige Stufe: Überwindung der Reinkarnation und der Todesfurcht durch Erleuchtung;
2. Höhere Stufe: Unsterblichkeit des Geistes und Leben nach dem Tode;
3. Höchste Stufe: Unsterblicher Geist in einem unsterblichen

Körper. (Auf seiner Reise durch die feinstofflichen Sphären, in denen er sich immer deutlicher manifestieren kann, gleicht dieser Körper einem beweglichen Heim für Seele und Geist.)

Adressen

Hauptsitz: Universal Tao Center
274 Moo 7, Luang Nua, Doi Saket, Chiang Mai
50220, Thailand
Tel. (++66 53) 49 55 9-6 bis 9, Fax (++66 53) 49 58 52
Kostengünstige Faxverbindung nach Thailand:
(++31 20) 524 13 74
E-Mail: universaltao@universal-tao.com
Website: www.universal-tao.com (Informationen über Kurse und Produkte. Bestellung von englischsprachigen Büchern, Audio- und Videocassetten und Postern)

Europa: Universal Tao Europa
Lisbeth Cavegn
Wiesenstr. 10, CH-8800 Thalwil
Tel./Fax (++41 1) 720 10 50
E-Mail: info@tao-europe.com
website: www.tao-europe.com
(Kurse und Produktinformationen)

Universal Tao Center Lehrervereinigungen:

Europa: European Instructors Association (EIA)
c/o Zentrum Waldegg
CH-3823 Wengen
Tel. (++41 33) 855 44 22, Fax (++41 33) 855 50 68
E-Mail: info@waldegg.ch
website: www.waldegg.ch

Das Grundlagenwerk des Tao Yoga

Hier erfahren Sie, wie die Lebenskraft Chi durch körperliche und meditative Übungen aktiviert werden kann.
Wenn das Chi frei und unblockiert fließt, bleibt der Mensch gesund und ein langes Leben ist nicht nur ein Traum.

Mantak Chia
Tao Yoga
Praxisbuch zur Erweckung der heilenden Urkraft Chi
240 Seiten, mit zahlreichen Illustrationen
ISBN 3-453-70017-1

HEYNE ‹

Kosmische Energie
für Gesundheit und langes Leben

Meister Mantak Chia vermittelt die Meditationsform des »Kosmischen Chi Kung«, mit der Sie ganz gezielt kosmische Energie in sich aufnehmen, speichern und für Gesundheit und ein langes Leben nutzen können – bei sich selbst und anderen.

Mantak Chia
Kosmisches Chi Kung
Heilung durch die Kräfte von Himmel und Erde
336 Seiten, mit zahlreichen Illustrationen
ISBN 3-7787-8163-4

Lotos

Der Klassiker
der taoistischen
Liebesschulung

Erotische Geheimpraktiken, um die Sexualenergie zu stärken, zu bewahren und umzuwandeln: Meister Mantak Chia eröffnet ungeahnte Möglichkeiten – sowohl für den Liebesakt, als auch für die geistige und spirituelle Entwicklung.

Mantak Chia
Tao Yoga der Liebe
Der geheime Weg zur unvergänglichen Liebeskraft
408 Seiten, mit zahlreichen Illustrationen
ISBN 3-7787-7026-8

Ansata

Tao der Liebe –
das Buch für die Frau

*Die Geheimnisse der weiblichen Sexualenergie:
Wie sie erschlossen, genutzt und mit männlichen
Energien harmonisiert werden können.*

**Mantak Chia
Tao Yoga der heilenden Liebe**

Der geheime Weg zur weiblichen Liebesenergie
336 Seiten, mit zahlreichen Illustrationen
ISBN 3-7787-7025-X

Ansata